居家小动作养生大健康

吕韶钧 彭芳 编著

当代中国出版社
Contemporary China Publishing House

图书在版编目（CIP）数据

居家小动作　养生大健康 / 吕韶钧, 彭芳编著. --
北京：当代中国出版社, 2022.12
ISBN 978-7-5154-1217-7

Ⅰ.①居… Ⅱ.①吕…②彭… Ⅲ.①健身运动—基本知识 Ⅳ.①G883

中国版本图书馆 CIP 数据核字（2022）第 146790 号

出 版 人	冀祥德
责任编辑	袁又文　柯琳娟
责任校对	贾云华　康　莹
印刷监制	刘艳平
装帧设计	马　帅　鲁　娟
出版发行	当代中国出版社
地　　址	北京市地安门西大街旌勇里 8 号
网　　址	http://www.ddzg.net
邮政编码	100009
编 辑 部	（010）66572156
市 场 部	（010）66572281　66572157
印　　刷	北京盛通印刷股份有限公司
开　　本	710 毫米 × 1000 毫米　1/16
印　　张	16 印张　2 插页　203 千字
版　　次	2022 年 12 月第 1 版
印　　次	2022 年 12 月第 1 次印刷
定　　价	68.00 元

版权所有，翻版必究；如有印装质量问题，请拨打（010）66572159 联系出版部调换。

序 言

我写这本书的起因有两个：一是，2018年我承担了科技部国家重点研发计划"主动健康和老龄化科技应对"中"传统体育养生功法的挖掘整理与健身效果研究"子课题的研究任务。这个课题主要是对我国传统养生功法这一资源宝库进行必要的挖掘和整理，以建立起能够满足现代人日常健身养生需求且简单实用的运动处方库，从而将此具有"中国特色"的运动处方运用于积极应对人口老龄化社会的健康问题。在课题的研究过程中，我无数次被传统功法的魅力所打动，也被古人的养生智慧所折服，并深深沉迷其间。二是，新冠肺炎疫情对我们的生活、工作、学习，以及社会交往都造成了巨大的影响。我们对于"健康"、对于"居家"有了全新的认识，越来越多的人也开始反思一系列健康方面的问题，比如"什么是健康？""健康就是不得病吗？""居家常态化情况下该如何保持身心健康？"等等，我们已经意识到以往"去医院看医生，吃药打针"的健康模式的局限性，我们需要对自身的健康倾注更多的关注，负起更大的责任，我们需要有随时随地的自我健康意识。

可是，我们由于平时健康意识淡薄，健身知识匮乏，在面对常态化居家办公的生活状态时往往茫然无措，有不少人出现了盲目跟从、急于求成等错误行为。正因为如此，我也就有了要把前一段整理的一些简单、实用的小功法介绍给大家的想法，希望能为

居家小动作　养生大健康

大家提供一些简约而不简单的健身养生小妙招，以满足大家居家或办公室健身养生的需要。

中国传统的健身养生功法不仅历史悠久，而且内容十分丰富，古人将这些健身功法称为"导引"，并解释为"导气令和，引体令柔"。古代的导引术大致可以划分为6大类，即引体、导气、自我按摩、叩齿、漱咽、存想。本书就是以这6大类导引术为基础，配合居家或办公室健身的需要，选编60个小动作，从头到脚，以此鼓励大家从"小动作"做起，养成健康的生活方式，从而达到"大健康"的目的。本书的内容主要体现了以下几个特点：

●简单方便，随时随地练习。我们这里选编的健康小动作，不仅向大家介绍了健身养生功法的操作方法，而且还指出了功法的健身功效和健康原理，使练习者知其法、明其理。这些动作都非常简单易操作，可以随时随地锻炼。如散步、叩齿、弹耳、浴面等动作，无论是健康者还是病患，是老年人还是青年人，都可以随时练起来，只要按照正确的方法和要求进行，一定能收获意想不到的效果。

●自我为主，倡导主动健康。古代的导引养生主要是以自我调节为主的一种自主性锻炼方法。这种自我身心调节表现在不借助他人的帮助、不依靠外部的作用，强调"自然和谐"，运用自身的"意、气、形"配合，导引肢体、调节情志、改善脏腑功能，从而达到防病保健、益寿延年的目的，是一种既经济又实用的健身养生手段。

●动静结合，注重形神兼养。这充分体现了中国传统养生保健思想的整体性。古人云："动静有常，奉其绳墨。四时顺宜，与气相得。"说明动静有其自身的规律性，动以养形、静以养神，动则强壮、静则长寿，两者要相互兼用、相互促进。在现代快节奏的生活方式下，我们只有形神俱旺，才能达到良好的养生保健效果。

序　言

　　在本书的编写体例上，我们将每一个动作分为四个部分进行介绍，即健康原理、健身功效、操作方法和专家提示，同时，为了进一步扩展大家的健康知识，以及提醒大家避免出现一些健康盲点或者健身误区，我们还在每一个动作后面增加了一个"健康小贴士"的版块，以满足不同读者对健康的多元需求。

　　当然我们在强调中国传统健身养生功法的同时，也不反对大家积极参加一些其他的现代健身运动，这些现代健身运动非常有力量感，也很时尚。我们要强调的是，健身也像吃饭一样，你不能因为面食好吃就只吃面食，或者红烧肉好吃就顿顿红烧肉，多元的、综合性的膳食才能保证人体的健康需求，运动也同样如此，我们必须要了解不同健身方法对身心健康的不同作用和它们的不同特点，只有按需选择、科学安排、长期坚持，才能真正满足自身健康养生的需要。因此，结合本书健康小动作的特点，我也想给大家提几点建议。

　　一是掌握正确的方法。在健身锻炼中，只有掌握正确的锻炼方法，了解正确的动作要领和技巧，才能保证良好的健身效果。因此，在学习之前必须对每一个动作进行全面认真了解，既要弄清楚动作的操作过程，又要了解该动作的基本原理、要领和注意事项，然后再进行锻炼。如有些针对穴位按摩的动作，就必须对穴位有一个正确的认识，要知道这个穴位叫什么，在什么地方，如何准确地取穴，有什么疗效等，掌握这些知识对健身锻炼的效果是十分有益的。

　　二是循序渐进。俗话说："冰冻三尺，非一日之寒。""一口吃不成个胖子。"参加健身锻炼也是一样，决不能急于求成，应该有目的、有计划、有步骤地进行，日积月累，养成健康养生的习惯，这样才能取得满意的健身效果。同时，进行健身锻炼时，也要控制好运动量，不宜给予太强、太大的刺激，要有一个逐步适应的过程。经过一段时间练习后，如果运动时感到发热、微微出汗，运动后感到轻松、舒畅，食欲及睡眠均好，说明运动量适当，效果良好，就要坚持下去。

三是持之以恒。要想通过锻炼取得良好的健身效果，必须持之以恒，决不能"三天打鱼两天晒网"。最好是每天坚持进行健康小动作的锻炼，每次锻炼的次数和时间可以参考书中的提示，也可以根据自己的身体情况进行必要的增减，逐步形成良好的健身养生习惯。

四是因人而异。医生给患者看病，不会一张处方适合所有的患者。在安排锻炼时也要因人而异，不能一味地、机械地按照书中的规定进行。如果违背了自己的身体条件强行锻炼，容易造成伤害，因此，我们必须要综合考虑自身年龄、性别及健康状况等各方面的情况来科学、合理地安排健身计划。

总之，我认为这些传统养生功法和健康小妙招在居家健身中具有独特的优势，它不仅动作简单、实用，运动的量和强度也好控制。更为重要的是，它强调人体意、气、形的整体配合，完全符合中国人的健康养生理念，很适合居家健身，非常值得推广。

著名心理学家、哲学家威廉·詹姆士说："播下一个行动，收获一种习惯；播下一种习惯，收获一种性格；播下一种性格，收获一种命运。"因此，无论何时何地，让我们一起坚持，一起健康起来吧！

目 录

第一章
头部健康小动作

- 动作1 头顶按揉 / 003
- 动作2 双手击头 / 007
- 动作3 摇头转颈 / 011
- 动作4 推率谷 / 015
- 动作5 鸣天鼓 / 019
- 动作6 提拉耳轮 / 023
- 动作7 摩扫耳郭 / 027
- 动作8 点翳风 / 031

第二章
面部健康小动作

- 动作9 搓手浴面 / 037
- 动作10 揩鼻点迎香 / 041
- 动作11 揩揉眼眶 / 045
- 动作12 按揉眼穴 / 049
- 动作13 熨目运目 / 052
- 动作14 叩齿 / 055
- 动作15 搅舌咽津 / 058
- 动作16 揉牙龈 / 061

第三章 颈部健康小动作

- 动作17 伸腰仰头 / 067
- 动作18 虚领顶劲 / 070
- 动作19 引掌挽颏 / 073
- 动作20 托颊仰头 / 076
- 动作21 摇天柱 / 079
- 动作22 抱颈前屈 / 083

第四章 上肢健康小动作

- 动作23 耸肩沉肩 / 089
- 动作24 直臂转膀 / 093
- 动作25 甩臂拍打 / 097
- 动作26 两肘辘轳转 / 101
- 动作27 抓拍腋窝 / 105
- 动作28 压肩抡臂 / 109
- 动作29 甩手 / 113
- 动作30 双手托天 / 116

第五章 手部健康小动作

- 动作31 卷指抓空 / 121
- 动作32 撅指转腕 / 125
- 动作33 推击掌心 / 129
- 动作34 按揉合谷 / 133
- 动作35 敲指 / 136

目录

第六章
胸腹健康小动作

- 动作36 捶胸舒胸 / 141
- 动作37 摩胸揉胁 / 145
- 动作38 摩腹 / 149
- 动作39 腹式呼吸 / 152
- 动作40 六字诀 / 155

第七章
腰背健康小动作

- 动作41 转腰晃腰 / 165
- 动作42 摩肾堂 / 169
- 动作43 跪地后撑 / 172
- 动作44 抬臂拧转腰 / 175
- 动作45 拍背 / 179
- 动作46 狸猫上树 / 183
- 动作47 攀足 / 187
- 动作48 俯身前屈 / 191

第八章
下肢健康小动作

- 动作49 击掌蹬脚 / 197
- 动作50 揉膝 / 201
- 动作51 叩击三里 / 205
- 动作52 健身走 / 209
- 动作53 足叩小腿 / 213
- 动作54 压腿踢腿 / 217
- 动作55 枯树盘根 / 221
- 动作56 站桩功 / 225

第九章
足部健康小动作

动作57 敦踵 / 231

动作58 揉腿搓脚 / 234

动作59 两脚屈伸 / 238

动作60 攀足前踏 / 243

第一章

头部健康
小动作

人的头部聚集有大量血管、神经、经络和穴位,可以说头部与人体的健康息息相关。中医认为,头为精明之府,内藏脑髓,为元神所居之处;脑为髓之海,为肾所主,肾之华在发,发为血之余;头又为诸阳之会,脏腑精气皆上荣于头。清代医学家吴尚先在《理瀹骈文·续增略言》中说:"诸阳聚于头,十二经脉三百六十五络,其气血皆上于面,而走空窍。面属足阳明胃,晨起擦面,非徒为光泽也,和气血而升阳益胃也。"因此,通过头部的健康小动作,不仅可以疏通经络,行气活血,调整脏腑器官功能,而且还可以增强人体抗病能力,起到健脑提神,解除疲劳,防止大脑老化,延缓脑衰老的作用。另外,对头部进行一些自我按摩也可以使头发得到滋养,牢固发根,起到美发、防止脱发的作用。因此,从古至今的养生家都对头部的养生保健十分重视,并在实践中总结出了许多有益的健康小动作。下面,我们就对头部的健康小动作逐一进行详细的介绍。

动作 1　头顶按揉

健康原理

祖国医学认为,头是"诸阳之会",人体的十二经脉和奇经八脉都会在头部汇集。仅仅在头部的穴位就有几十个,大约占全身穴位总数的1/4。尤其是太阳穴尤为重要,《达摩秘方》中将按揉此穴列为"回春法",按摩太阳穴不仅可以青春常在,而且可以给大脑以良性刺激,使人消除疲劳、振奋精神、止痛醒脑,持续保持注意力的集中。此外,头部还有十几个特定的刺激区,它们可以反映和调节全身脏器的功能。

另外,中医认为"发为血之余""肾主骨髓,其华在发。若血气盛,则肾气强;肾气强,则骨髓充满,故发润而黑。"因此,通过梳头可以很好地促进清阳上升、气血调和,使肾气充足、气血旺盛而发自坚黑。梳头在古代被称为"引鬓发",又名"流通"。关于梳头的医疗保健作用在隋代巢元方的《诸病源候论·养生方》中就有记载,他说:"梳理头发,欲得多过,通流血脉,散风湿。"因此,我们长期坚持头部按摩,可使任督二脉气血通畅,改善头部的血液循环,增加大脑的供血量,促进神经系统的兴奋,从而起到提神醒脑、消除疲劳、抗衰老的作用。

健身功效

疏经活络、提神醒脑、消除疲劳、养发防老。

操作方法

太阳穴

图 1-1

图 1-2

方法一：头顶按揉。坐立均可。用双手的拇指压住太阳穴，其他四指张开按于头顶上方（图 1-1），两拇指和两手四指在太阳穴和头顶上方旋转按揉（图 1-2）。

第一章 头部健康小动作

图 1-3

图 1-4

方法二: 按揉太阳。用两手拇指(图 1-3)或中指、食指的指腹,按住两侧太阳穴(图 1-4),作顺、逆时针方向的揉动,先顺后逆。完成后可以闭上双眼休息一会儿再重复。

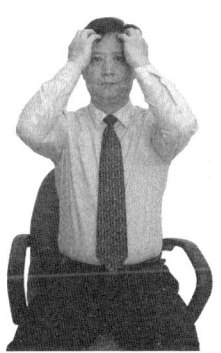

图 1-5

图 1-6

方法三: 干梳头。坐立均可。双手十指分开如梳,插入发际(图 1-5),由前向后梳遍全头,尤其要照顾到两鬓、额角、耳后等部位(图 1-6)。这时你会感觉到头皮发热,神清气爽。

⏱ 建议三种方法每次各练习 20—40 次为宜。

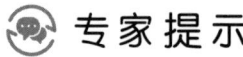 **专家提示**

进行头部点按的时候，要控制好按摩的时间和力度，尤其是指压太阳穴时不宜太用力，以免产生不良反应。另外，干梳头时要朝着一个方向进行，而且要梳遍全头，尽量使头部的每一个穴位都得到一定的按摩。通常以按摩到头皮发热为宜。

健康小贴士

春天宜常梳头

《养生论》说："春三月，每朝梳头一二百下。"那么，为什么要特别强调春天梳头呢？这是因为春天是大自然阳气萌生的季节，而人体的阳气也顺应自然，有向上、向外升发的特点。所以，人们在春天的养生保健中就要求顺应天时，一定要使肢体舒展，气血调和。春天梳头正符合春季养生的要求，能够通达阳气，宣行瘀滞，疏利气血，身体也就能健康无病了。

动作 2

双手击头

健康原理

根据"四海"理论,"脑为髓海"。杨上善注说:"胃流津液渗入骨空,变而为髓,头中最多,故为海也。是肾所生,其气上输脑盖百会穴,下输风府也。"可见,百会穴与脑的关系十分密切,是调节大脑功能的要穴。双手击头一名"击鼓",又名"掷昆仑"。此动作主要是通过一定的手法来刺激头部的百会、头维等穴位。百会穴位于头顶正中,两耳尖直上连线的中点处,是督脉上的重要穴位之一,也是各经脉气会聚之处,故能通达阴阳脉络,连贯周身经穴,对于调节机体的阴阳平衡起着重要的作用。它是治疗多种疾病的首选穴,具有醒脑开窍、安神定志、升阳举陷等作用。头维穴属于足阳明胃经,位于额角发际上五分,具有祛风明目、泻火止痛的功能。因此,通过刺激头部的这些穴位,可以起到很好的降血压、止头痛和明目的作用。

健身功效

降血压、止头痛、明目。

操作方法

头维穴

图 2-1

图 2-2

方法一：两手五指相撮如梅花针状，以十指的指腹（不用指甲）自前额向后脑进行叩击，至后发际为止（图 2-1、图 2-2）。

图 2-3

方法二：由右手中指，点揉百会穴（图 2-3），可左右手交换进行点揉。

图 2-4

图 2-5

方法三：左手手心朝下，五指张开，轻轻按住头顶（图 2-4）；随即用右手手掌轻松柔缓地拍打左手手背，以达到敲击头顶的效果（图 2-5）。

建议两种方法每次各练习 21—47 次为宜。

专家提示

采用方法一敲击时,应从头部中间开始向头两侧各击 4 行。而且,叩击的轻重要适宜,以敲击后神志清爽为宜,次数可以因人而异。采用方法三时,要注意手法轻重,以头部有轻微的震感,不感到头痛为宜。此动作尤其要注意头要微微上顶,避免给颈椎造成压迫感。

健康小贴士

认识高血压

血压是血液在血管内流动时作用于血管壁的压力,是推动血液在血管内流动的动力。日常生活中测量的血压一般是指动脉血压,也就是从大动脉(如肱动脉)上测得的血压值。动脉血压又分为收缩压和舒张压。收缩压的正常值为 9—139 mmHg,舒张压的正常值为 60—89 mmHg。高血压的定义为多次重复测量后诊室收缩压 ≥ 140 mmHg 和 / 或诊室舒张压 ≥ 90 mmHg。

另外,钾可以对抗钠所引起的升压和血管损伤,因此,多吃富含钾的食物对于降血压非常有帮助。这一类食物包括豆类、冬菇、黑枣、杏仁、核桃、花生、土豆、竹笋、根茎类蔬菜如苋菜、油菜及大葱等,水果如香蕉、枣、桃、橘子,以及瘦肉、鱼、禽等。

动作 3

摇头转颈

健康原理

现代人在电脑前工作的时间越来越长,这样很容易造成颈部肌肉的紧张。而颈部肌肉的紧张又会反过来加重颈椎病的病情。许多人认为这是小毛病,无所谓。殊不知,颈椎是人体离头部中枢神经最近的神经通道,左右颈动脉是全身血液通向头部的主干道,而颈部的经络则是人体内脏与头部气血运行的交通要道,所以颈椎的健康对人体健康来说是相当重要的。由于平时颈部活动较少,经络不通,气血不畅,头部和上肢的疾病就会增多。因此,长期在电脑前工作的人群应该多进行颈部的锻炼,这样不仅可以放松紧张的颈部肌肉,缓解颈椎病的症状,还可以进一步促进头部血液循环,改善硬化的血管,增加脑部的供血量,减少脑梗死发生的可能。

健身功效

防治颈椎病、减少脑血管病的发生。

操作方法

图 3-1

图 3-2

图 3-3

方法一：坐立均可。头（百会穴）上顶，保持两肩平行并下沉，两手放于丹田处（男士左手在内，女士右手在内，图 3-1），以头、颈、脊柱为轴，头缓缓向左侧转，使颈部有牵拉的感觉（图 3-2），随后缓缓还原；继而再缓缓向右侧转，同样使颈部有牵拉的感觉（图 3-3）。注意意识集中，呼吸自然配合。

图 3-4　　　　　图 3-5

图 3-6　　　　　图 3-7

方法二：坐立均可。保持两肩平行下沉并固定,然后以百会穴引领带动头部缓慢地以顺时针或逆时针画圆(图 3-4、图 3-5、图 3-6、图 3-7)。注意在保持肩部不动的情况下画最大的圆,速度要缓慢均匀。

⏱ 建议两种方法每次各练习 20 次为宜。

专家提示

头部开始转动时幅度要小、速度要慢，适应后逐步加大幅度，使颈部肌肉有牵拉的感觉。在转头时肩始终保持平、沉、稳，不能随头部转动出现转肩，这样达不到效果。另外，练习时建议睁开眼睛，以免闭眼练习出现眩晕等不适的症状。如感不适，应立刻停止，以免出现意外。

健康小贴士
枕头与颈椎病

枕头过高或过低对颈椎有很大的影响，因为颈椎具有正常的生理弧度，这种生理曲线不但保证了颈椎外在肌群的平衡，而且对保持椎管内的生理解剖状态具有重要作用。枕头过低，头颈势必过度后仰，前凸曲度加大，使椎体前方的肌肉和韧带过度紧张，时间长了会出现疲劳，甚至引起慢性损伤，加速退行性病变。同样，枕头过高也一样会对颈部肌肉、韧带、关节囊、脊髓、神经根及椎体造成不利影响。所以，专家建议人应侧卧，且枕头高度以棘突中点至肩峰外侧缘的距离为宜。

动作 4

推率谷

健康原理

率谷穴属足少阳胆经,是足太阳、少阳两经的交会穴,位于耳尖直上入发际一寸五分处。该穴名意指胆经的水湿之气在此吸热后化为阳气而上行天之上部,也指胆经的气血在此开始由阳变阴。此穴位具有平肝熄风,通经活络的作用,又因其与足太阳膀胱经相联系,所以同样具有清热散风的作用。有研究表明,刺激率谷穴会对痛觉产生一定的抑制作用,可以调节自主神经,增强局部的血氧供应,改善脑组织的缺血缺氧状态等。另外,经常按摩推揉率谷穴,对于治疗因为肝胆疾病引起的偏头痛、眩晕耳鸣、耳聋失聪也有较好的疗效。

健身功效

降肝火、止头痛、治耳鸣。

操作方法

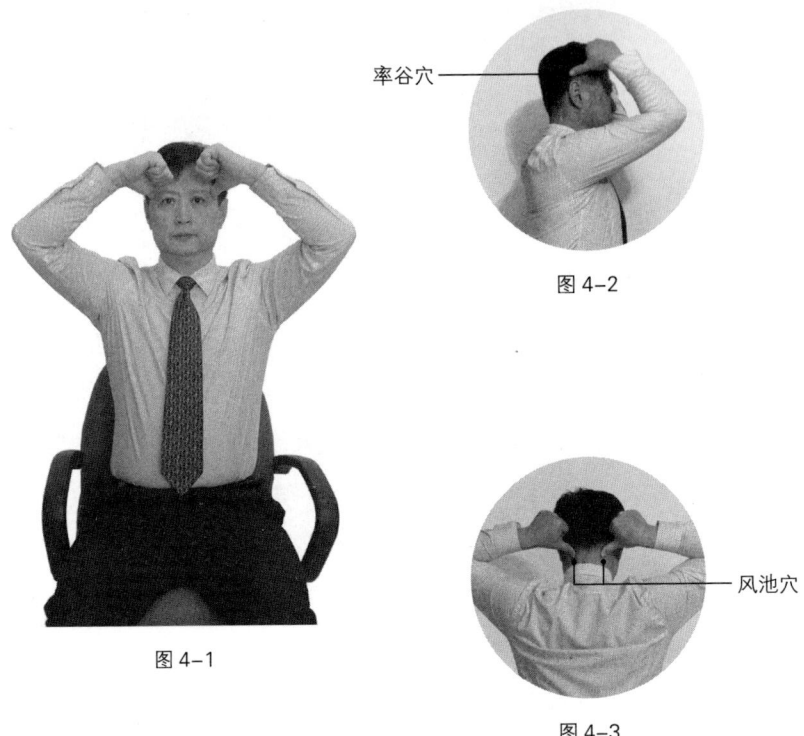

图 4-1

图 4-2

率谷穴

图 4-3

风池穴

方法一：两手以拇指端按住太阳穴，拇指尖朝后（图 4-1），然后着力沿颞部推向脑后，经耳尖上方的率谷穴推至枕骨下缘的风池穴（图 4-2、图 4-3），每经一穴都轻轻按揉一下。

图 4-4

图 4-5

方法二：将中指端放在百会穴处，两拇指端分别按在率谷穴上，双手同时做前后的揉动（图 4-4、图 4-5）。

图 4-6

图 4-7

方法三：两手四指并拢弯曲，用指尖在率谷穴周围做向后、向下、再前的轻轻画圈揉动（图 4-6、图 4-7）。

建议三种方法每次各练习 24—36 次为宜。

专家提示

推揉率谷穴时,用力要均匀,推揉的面积可以围绕着率谷穴向前后扩展,推揉、摩擦的强度要适中,要使局部有轻度胀痛感觉为好。

健康小贴士
突发头痛莫小视

突然出现头痛的原因很多,归纳起来主要有鼻源性头痛、眼源性头痛、中风、高血压、三叉神经痛、隐性带状疱疹等。头痛是临床上最常见的症状之一,有时也是某些严重疾病的早期征兆。所以,如果突然出现头痛,要给予必要的关注,及时去医院诊治,以免贻误病情。

必须指出的是,有些人出现头痛时认为服用一些止痛药物就好了,这种做法是不对的,因为止痛药物对疾病本身并没有治疗作用,只能抑制或缓解头痛症状,很容易掩盖头痛的病因及严重程度,这会影响医生的诊断和治疗。因此,出现头痛时,最好是立即就医。

动作 5　鸣天鼓

健康原理

"鸣天鼓"是用手叩击头后部风池穴的一种保健方法。风池穴为足少阳胆经上的重要腧穴之一，也是三焦、胆、阳维、阳跷四脉之会穴。此法最早见于丘处机的《颐身集》："两手掩耳，即以第二指压中指上，用第二指弹脑后两骨做响声，谓之鸣天鼓。"刘完素的《河间六书》中也有记载："双手闭耳如鼓音，是谓鸣天鼓也。由脉气流行而闭之于耳，气不得泄，冲鼓耳中。故闻之也。"在清朝王祖源的《内功图说·分行外功诀》中称其功效为"却风池邪风"。长期进行此项锻炼具有扩张椎基底动脉的作用，可以"清头明目，祛风解毒，通利空窍"，增加脑血流量，防治头昏耳鸣，对清醒头脑、稳定情绪，以及提高记忆力，预防神经衰弱、老年痴呆等都有明显的效果。

另外，按压风池穴还可以起到预防和缓解感冒的作用。平时看书、看电视时间久了，或者是久坐办公室的人群，会有头颈部不舒服的感觉，这时如果按压风池穴，会觉得神清气爽、心情愉快。长期坚持一定会收到意想不到的效果。

健身功效

聪耳明目、清醒头脑、防神经衰弱、防老年痴呆。

操作方法

图 5-1

图 5-2

图 5-3

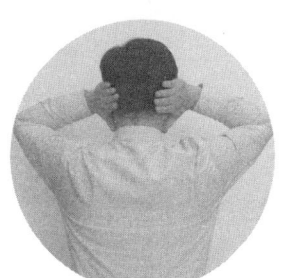

图 5-4

方法一：鸣天鼓。两手掩耳，按压耳郭（图 5-1、图 5-2），使耳内空气减少。用食指叠于中指之上（图 5-3），然后用力使食指滑下，弹击脑后枕骨（图 5-4），发出"咚、咚、咚"的响声，声如敲鼓。然后再用两手掩按外耳进行按压鼓荡，数秒后骤然抬离，以此震动鼓膜，令其"勃勃"作响。如此重复练习。

第一章 头部健康小动作

图 5-5

图 5-6

方法二：按风池。两手四指并拢，用两拇指指腹按揉风池穴（图 5-5），做顺、逆时针方向的揉动。或将一只手的拇指与中指相对卷曲，使其呈钳形，按住左右两边风池穴，以两手指尖用力按揉（图 5-6）。

 建议两种方法每次各练习 24—36 次为宜。

专家提示

叩击的轻重要视自身耳部所能承受的程度而定,不能一味地强调力度,否则容易造成耳部不适或者意外伤害。需要特别提醒的是,中耳炎或鼓膜穿孔等病症患者应禁用此法。

健康小贴士

防治耳鸣小诀窍

有的人会经常出现耳鸣,有什么好的办法来解决这个问题呢?这里,我们给您提供一个小诀窍,那就是自制聪耳保健枕。

主要原料是荷叶、苦丁茶、菊花、夏枯草、蔓荆子、石菖蒲各等份,制成枕芯就可以了。经常枕之,有明目醒脑,消除耳鸣,增强听力的功效。

动作6

提拉耳轮

健康原理

中医认为,肾开窍于耳。《灵枢·五阅五使》中提道:"耳者,肾之官也。"《灵枢·脉度》中也说:"肾气通于耳,肾和则耳能闻五音矣。"肾为藏精之脏,肾精充沛,则髓海有余,表现为听力聪慧。若肾精亏损,则髓海空虚,耳失所养,就会出现耳鸣、耳聋等症状。老年人听力之所以减退,就和肾中精气的衰减有着非常密切的关系。长期捏揉耳尖还可以达到防治感冒、失眠、高血压、头晕、头痛、眼疾、咽喉炎、生殖系统疾病等病症的作用。

另外,根据耳针理论,耳垂是耳全息穴的头面区,眼穴就在耳垂正中,因此,我们可以指代针,通过捏弹耳垂对其相应的反射区进行按摩、拉弹刺激,从而激活相应脏器的功能,达到醒脑明目、眼明神足、健肾壮腰,延缓耳聋和减少耳鸣的功效。

健身功效

防治喉咙疾病、聪耳明目、强身健体、延年益寿。

操作方法

图 6-1

图 6-2

方法一： 双手掌相互摩擦至发热后（图 6-1），双手食、拇二指指腹捏住耳尖轻轻揉捏、提拉（图 6-2）。

图 6-3　　　　　　　　图 6-4

方法二：右手绕过头顶，以食、拇指夹耳尖向上牵拉左耳（图6-3），然后再换左手以相同的方法练习（图6-4）。

图 6-5　　　　　　　　图 6-6

方法三：以双手食、拇二指指腹分别提揉双耳耳垂，先轻轻捏揉耳垂半分钟，使其发红、发热（图6-5），然后揪住耳垂向下拉（图6-6），最后放手让耳垂恢复原形。

⏱ 建议三种方法每次各练习24—36次为宜。

专家提示

耳轮有弹性,练习时提拉、捏弹力度要适中。另外,耳垂处的穴位主要对应头、额、眼、舌、牙、面颊等处。长期锻炼对头痛、头昏、神经衰弱、耳鸣等疾病都有辅助治疗作用。捏揉的同时不妨注意体会耳部是否有痛点,如果有,可以对照耳穴图,判断相应部位的身体健康状况。

健康小贴士

了解"冠心病沟"

在冠心病患者的耳垂处常可见到一条斜形的皱痕,此皱痕被称为"冠心病沟"。耳垂对血管缺血现象很敏感,一旦冠状动脉硬化引起冠心病时,耳垂组织就会发生缺血现象,并发生一定程度的萎缩变化。依据这条斜线状的皱痕来诊断冠心病,准确率可达90%。因此,如果发现自己的耳垂处出现"冠心病沟"就该注意了,应及时到医院检查治疗,以免发生意外。

动作 7

摩扫耳郭

健康原理

《灵枢·口问》中说:"耳者,宗脉之所聚也。"耳为全身经络分布最密集的地方。摩耳沟一名"治耳郭"。《分行外功诀》中提道:"耳宜按抑左右多次。谓以两手按两耳轮,一上一下摩擦之。"根据中医耳针理论,耳背上有一条"耳背沟",位于耳郭背面,在中医耳穴疗法中将其比喻为"人体的脊椎"。因其具有很好的稳定血压的作用,所以也称为"降压沟"。按摩"降压沟"可以间接地刺激脊神经,对脏腑有一定的调理作用,起到健脑、强肾、聪耳、明目之功效。耳前部有三个非常重要的穴位,即耳门穴、听宫穴和听会穴。这三个穴位都是治疗多种耳病的首选穴位。另外,耳门穴,又称为"耳屏",也称为"蔽"。《灵枢·五色》曰:"蔽者,耳门也。"作用此穴对于治疗耳鸣、三叉神经痛、头痛、目眩头昏等症状都有很好的作用。

健身功效

聪耳明目、止头晕、防耳鸣、防听力下降。

📋 操作方法

图 7-1

图 7-2

方法一：摩耳沟。双手握空拳，食指贴于耳郭前面的凸起处，以拇指沿"耳背沟"，即"降压沟"进行上下按摩（图 7-1、图 7-2），直至耳轮发热为止。

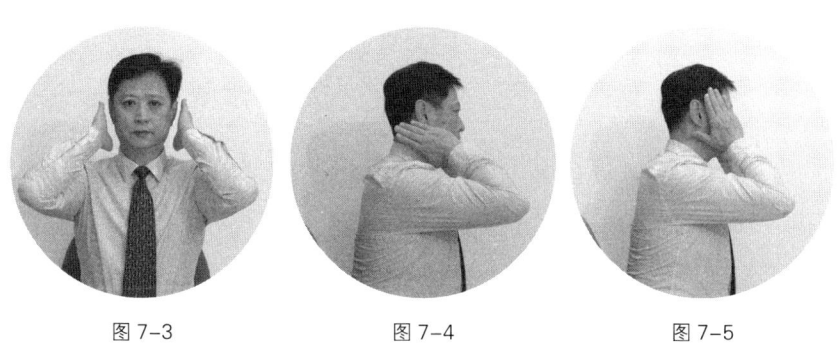

图 7-3　　　　　图 7-4　　　　　图 7-5

方法二：扫耳郭。用双手手掌由耳朵后带动耳郭向前扫（图 7-3、图 7-4），然后两手掌再由前带动耳郭向后扫（图 7-5）。

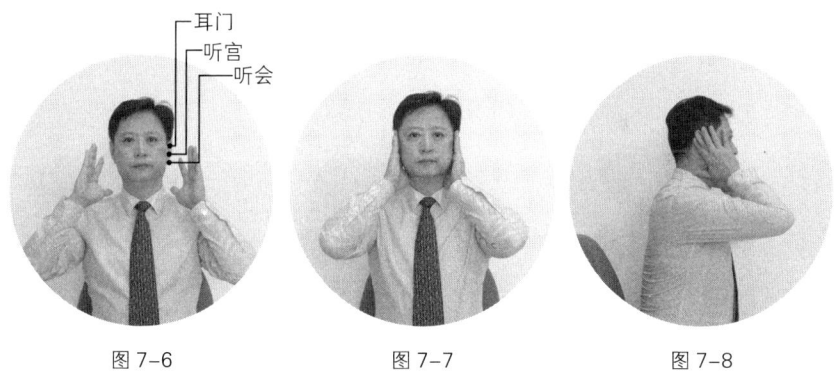

图 7-6　　　　　图 7-7　　　　　图 7-8

方法三：擦耳门。两手中指和食指分开（图 7-6），用两手的中指和食指沿着耳根部的前后两侧做一上一下的摩擦推揉（图 7-7、图 7-8），使耳门部有发热的感觉。也可以在按摩后，用中指对耳门、听宫、听会三个穴位进行适当的点压。

建议三种方法每次各练习 16—24 次为宜。

专家提示

两手摩擦推揉耳沟、耳郭、耳门时,用力要适度,不要使耳郭受到过度牵拉造成耳内鼓膜受损。如果在摩擦推揉的过程中结合"叩齿"(参见动作14)练习,效果会更好。需要格外提醒的是,当耳部有炎症时不要做这种练习。

健康小贴士

当心情绪致耳聋

中医认为,暴怒伤肝,肝胆之气上逆阻塞耳道就可以导致耳聋。现代医学认为,内耳供血障碍是突发性耳聋的常见原因。情绪激动致使体内副交感神经功能发生紊乱,机体处于应激状态,肾上腺素分泌增多,内耳小血管出现收缩痉挛,局部供血不良,内耳听神经供血不足失去营养、缺血缺氧就会发生耳聋。如果出现突发耳聋,要及早就医治疗,这样听力恢复快;反之,就医越晚,听力恢复越不理想。

动作 8

点翳风

健康原理

翳风穴归属手少阳三焦经，三焦经经气在此化为天部的阳气。从名称看，"翳风"应当是和风邪有关的穴位。我们知道，"翳"有遮、挡之意，所以，翳风也就可以理解为挡住风邪的意思。根据中医经络理论，翳风穴在耳垂后张口凹陷处，属于手少阳三焦经，具有活血祛风通络，通窍醒神之功效。刺激翳风穴可用于头晕、头痛、耳鸣、耳聋、口眼歪斜，以及腮腺炎、下颌关节炎、面神经麻痹等病症的治疗。

健身功效

散风通窍，防治耳聋耳鸣、头痛牙痛，防治面瘫。

📋 操作方法

图 8-1

图 8-2

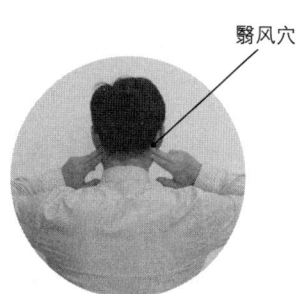

翳风穴

图 8-3

方法一： 用两手中指点按翳风穴，做前后的按揉按摩（图 8-1、图 8-2、图 8-3）。

第一章 头部健康小动作

图 8-4

图 8-5

方法二：两手中指点按在翳风穴上，固定不动，然后向左、右缓缓摇头（图 8-4、图 8-5），通过转头来刺激翳风穴。

⏱ 建议两种方法每次各练习 24—36 次为宜。

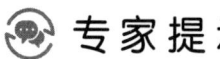 专家提示

按摩翳风穴,可以增加内耳的血液循环,有保护听力的作用,长期坚持下去会有明显效果。进行此动作时,速度要缓慢,用力要适度,以穴位产生酸胀感为佳。

健康小贴士

牙痛不止,当提防"心"病

有一些疾病您千万不要小视,比如牙痛,因为它有可能是心绞痛或者心肌梗死的表现。为什么会这样呢?因为心绞痛或心肌梗死发作的时候,疼痛有可能放射到下颌或牙齿,这就会产生牙痛。所以,如果您平时就有心脏病,在出现牙痛时一定不要忽视,要马上到医院去检查,以免贻误病情。

第二章

面部健康小动作

面部是脏腑气血上注之处，血液循环比较丰富，古代通常将面部的保健称为"驻颜"。中医认为，心主血脉，其华在面。中医还将面部不同部位分属五脏，即左颊属肝，右颊属肺，头额属心，下颏属肾，鼻属脾。由此可见，面部与脏腑经络的关系非常密切。同样，面部的变化也能够反映出脏腑经络的气血盛衰和病变情况，这在中医理论中都有详细的讲解。由于面部是反映机体健康状况的一个窗口，而且与五脏六腑有着如此密切的联系，故凡养生者，多通过对面部经穴的按摩来刺激相应的经络和脏腑，从而促进面部血液循环，改善面部皮肤质地，增强皮肤弹性，延缓皮肤衰老。同时通过面部的按摩也可以达到调节脏腑机能，祛病延年的效果。

动作 9　　　　　　　　# 搓手浴面

健康原理

中医认为，人体五脏六腑、十二经脉的气血都上注于面部，因此，面部就成为反映人体脏腑气血盛衰的重要部位，中医学望诊的理论依据也与此相关。《素问·痿论》中说："十二经脉，三百六十五络，其血气皆上于面而走空窍。"正由于面部有丰富的穴位，因此，通过对面部的按摩，可以促进面部血液循环，增强细胞的代谢功能，同时也可以改善机体的功能状态，从而以维持或促进它们的生理机能。此动作在《分行外功诀》中被称为"摩面"，其功效为："摩之能令皱斑不生，颜色光润。"可见，按摩面部还有相当好的美容抗衰的功效。

健身功效

降血压、提神醒脑、美容。

操作方法

图 9-1　图 9-2　图 9-3　图 9-4　图 9-5　图 9-6

方法一：坐立均可，缓缓吸气，两手相互摩擦，至极热时稍闭气；缓缓呼气，同时用两手中指从颏唇沟中点（承浆穴，图 9-1）分别向两口角（地仓穴）推摩（图 9-2），然后两中指向上从鼻下推按至鼻翼旁（迎香穴，图 9-3），再向上推摩至两眉头（攒竹穴，图 9-4）。继而，两手食、中、无名三指并拢，继续向上推至发际，从前额正中线分别向左右推摩，一直推按至脑后颈部为止（图 9-5、图 9-6）。

方法二：搓手直浴。用双手相互摩擦至极热时稍闭气，然后缓缓呼气，同时用手从上而下在面部推摩，就好像平时用毛巾洗脸一样（图9-7）。

图 9-7

图 9-8　　　　　　　　图 9-9

图 9-10　　　　　　　　图 9-11

方法三：横抹面。将两手搓热，随后右手扶于丹田，左手横掌从上额部至下颏，横向左右推抹面部（图9-8、图9-9）；随后两手交换，以面部感觉发热为度。也可以两手交叠，左手贴面，右手贴于左手上，从上额至下颏横向推抹（图9-10、图9-11）。

建议三个方法每次练习10—15分钟为宜。

专家提示

两手在面部推摩的速度要缓慢,力度要适中。注意当面部或头部有外伤时,应停止练习,待治好后再恢复练习,以免发生意外。同时,还要注意手部的卫生,练习前先洗手。另外,在完成横向推抹动作时,切记避免手不动,用头左右转动产生横抹效果,这样很容易引起头部眩晕等症状。

健康小贴士

察面色,知疾病

中医学认为,人体的五脏六腑在面部都有特定的反应区。《素问·刺热》中说:"肝热病者,左颊先赤;心热病者,颜先赤;脾热病者,鼻先赤;肺热病者,右颊先赤;肾热病者,颐先赤。"中医认为,不同脏器的疾病也有不同的颜色变化。《千金翼方》中说:"肝受病色青,心受病色赤,脾受病色黄,肺受病色白,肾受病色黑。"所以,通过观察面部不同部位的颜色变化就可以大致知道内脏的疾病情况。这些简单的辨别疾病的方法您不妨也多掌握一些,以便在日常生活中进行有针对性的调理。

动作 10　**揩鼻点迎香**

健康原理

《灵枢·五阅五使》曰:"鼻者,肺之官也。"《灵枢·本神》中说:"肺气虚则鼻塞不利少气。"《杂病源流犀烛·鼻病源流》引《养性书》中也有:"常以手中指,于鼻梁两边揩二三十遍,令表里俱热,所谓灌溉中岳,以润于肺也。常去鼻中毛,谓神气出入之门户也。"中医理论认为鼻翼与五脏六腑的关系是可以反映胃肠道的状况的,通过按摩此处,气血运行通畅,也可以调整脾胃功能。迎香穴在鼻翼外缘中部与鼻唇沟之间,该穴属手阳明大肠经,为手足阳明之会之穴。而大肠与肺相表里,鼻又和肺相通,所以此动作的锻炼能达到舒经活血、清火散风、健鼻通窍的效果,可以治疗鼻炎、鼻塞等病症。每天持之以恒,可以减缓病症。

健身功效

通鼻窍、防感冒、利五脏。

操作方法

图 10-2

图 10-1

方法一：两拇指背互相摩擦至热（图 10-1），趁热摩擦鼻翼两侧（图 10-2），使鼻翼两侧有发热的感觉。

第二章 面部健康小动作

图 10-3

图 10-4

方法二：两手中指和食指并拢，由鼻翼两侧的迎香穴开始（图 10-3），沿鼻梁两侧向两眉内侧的攒竹穴推摩（图 10-4）。在推摩中，两手中指经过迎香、攒竹和印堂等几个穴位时可稍微用力点击按揉这几个穴位。推揉以穴位有酸胀感和鼻腔内外发热为好。

⏱ 建议两种方法每次各练习 24—36 次为宜。

专家提示

摩擦按揉鼻翼两侧和迎香穴时,速度要均匀,力度要适中,要使鼻翼两侧有发热和压疼感。此动作有通鼻润肺的功效。此法除了具有上面提到的功效外,还可以大大加强鼻的耐寒能力,有效预防感冒和鼻病的发生。

健康小贴士

洗鼻防感冒

鼻子是人体与外界空气打交道的关口,现代社会空气污染十分严重,鼻子时刻遭受着污浊空气的侵扰。虽然鼻腔黏膜有一定的过滤和清洁作用,但时间长了还是会带来很多的麻烦,给健康造成一定的影响。在这里,我们向您介绍一种非常简单的洗鼻方法,它可以及时清除鼻腔内干痂,使鼻子能够更好地发挥过滤、清洁的作用。具体的方法是:用掌心盛温水或温盐水,低头由鼻将其轻轻吸入,再经鼻擤出,反复数次。如果您能够长期坚持,就可以有效改善鼻黏膜的血液循环,增强鼻子对天气变化的适应能力,预防呼吸道疾病的发生。

动作 11

揩揉眼眶

健康原理

《分行外功诀·目功》中提道:"每睡醒,且勿开目,用两大指背相合擦热,揩目十四次,仍闭住,暗轮转眼珠,左右七次。紧闭少时,忽大睁开(能保炼神光,永无目疾)。"

中医学认为,眼睑与脏腑的脾胃相对应,而脾虚气弱、气血不和、脉络失养、血不荣筋很容易出现眼睑下垂,同时也容易使面部肌肤失养而生斑。因此,通过眼眶的按摩可以对眼球进行间接按摩,从而提高眼球的调节能力,改善眼睛的视功能。而且还可以促进局部的血液循环,激活经络,有效缓解眼部疲劳,疏通面部气血瘀滞,增强和改善相关脏腑器官的功能,对黄褐斑也有标本兼治的效果。

健身功效

明目退翳、缓解眼疲劳、治疗眼疾患、防皱、退黄褐斑祛眼袋。

操作方法

图 11-1

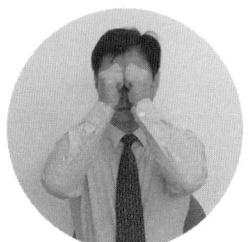

图 11-2

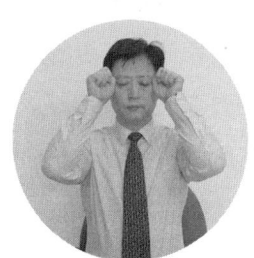

图 11-3

方法一：揩目。坐卧皆可，将两手大拇指第二节背部互擦使热（图 11-1），随即揩擦紧闭的上下眼皮（图 11-2、图 11-3）。随后，眼仍紧闭，使眼球由左向左上、正上、右上、右、右下，由右下向正下、左下、左，如此左右轮转 7 周。转毕后安静一会儿，然后缓缓睁开眼睛。

图 11-5

图 11-6

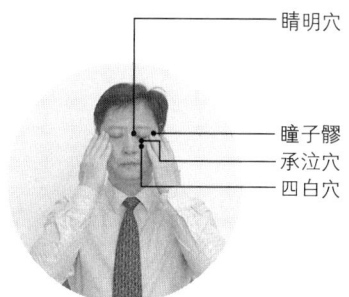

图 11-7

方法二：揉推眼睑。中指和无名指从睛明穴向下沿下眼睑向外，轻轻推揉至瞳子髎（图 11-5），然后返回。在推揉的过程中重点按摩睛明、四白、承泣和瞳子髎四个穴位（图 11-6、图 11-7）。激发面部气血，使面部充盈红润，面部肌肉富有弹性，有防老去皱、焕发精神的功效。

⏱ 建议两种方法每次各练习 14—30 次为宜。

专家提示

在进行此动作锻炼时,要避免手上黏附刺激性物质,否则会影响到眼睛。此外,用拇指背来进行按摩时,对眼球的按压力度要适中,以免刺激眼球。

健康小贴士

眼保健从饮食做起

日常饮食对眼睛保健至关重要,食物中的锌和维生素A、维生素D、维生素E及维生素B_2是保护视力的重要元素。富含锌的食品有虾、虾皮、核桃、花生、牛肉、羊肉、蛤蜊等。富含维生素A、维生素E和维生素B_2的食品有各种动物肝脏、牛奶、蛋黄、蟹黄、黑木耳、黄豆、黑芝麻等。关心健康的您,不妨在平时的饮食中注意这些食物的摄取,相信会取得很好的效果。

动作 12　按揉眼穴

健康原理

眼部的核心穴位主要有攒竹穴、丝竹空穴和睛明穴。攒竹穴俗名"鱼头",即眉头,在内眦角直上的眉毛内侧端,属足太阳膀胱经,具有祛风明目的功能。"鱼尾"则是丝竹空穴的俗名,又名"眉梢"。鱼尾穴恰在眉毛外侧端眉棱骨旁的凹陷中,此穴位属手少阳三焦经,具有散风止痛,清脑明目的功能。因此,经常对这两个穴位进行点按,会起到止头痛、明目的作用。

睛明穴在两目内眦的内上方约一分处的凹陷中,即与鼻根相邻的眼角上,属足太阳膀胱经。《分行外功诀》中有"常行之,能洞观"之语。"掐睛明",一名"掐眦",或作"捏眦"。它具有疏风清热、明目活血的功能,可以治疗目赤肿痛,迎风流泪,目痒近视,色盲夜盲等症。

健身功效

散风止痛、清脑明目。

操作方法

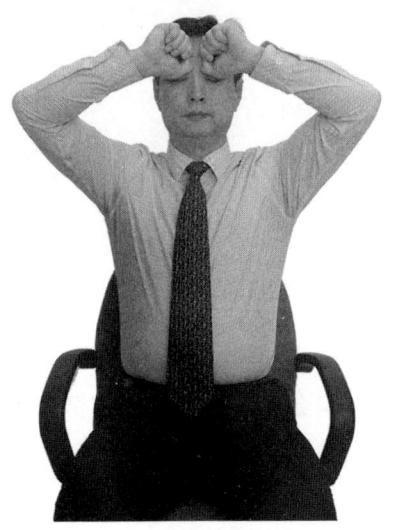

图 12-1

方法一：点鱼头、鱼尾。用两手大拇指背的骨节屈拢后（图 12-1）点压、按揉攒竹穴和丝竹空穴两个穴位（图 12-2）。

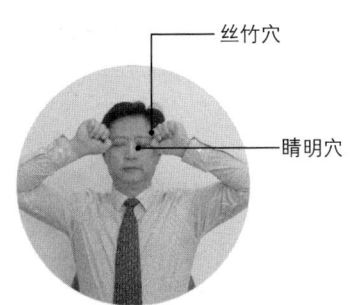

图 12-2

图 12-3

方法二：掐睛明。用一手的大、食二指尖对捏如钳状，点掐、揉捏睛明穴（图 12-3）。点掐时闭气不息，点掐至自觉气闷时为止。

建议两种方法每次各练习 14—36 次为宜。

 专家提示

点压、按揉时掌握好力度,按揉穴位至有明显的酸胀感为宜,这样才能起到良好的养生保健作用。当然手法也不宜过重,否则酸痛感会持久不消,而且也会造成眼部的不适。

健康小贴士

青光眼患者用药当谨慎

我们生病服药的时候,要考虑到药物对眼睛的影响。如阿托品、颠茄、胃舒平等解痉类药物,可导致瞳孔扩大、视物模糊,原来有青光眼的患者服用这类药物时会因散大的瞳孔阻塞房角,导致青光眼的发作和加重。另外,心脏病患者常用的扩血管药物,如硝酸甘油、硝酸异山梨酯片、亚硝酸异戊酯等有时也会加重青光眼的病情。

动作 13　熨目运目

健康原理

《灵枢经·大惑论》曰:"五脏六腑之精气,皆上注于目",说明视力是人体精气神的综合反映,若脏腑功能失调,精气不足,就会引起视力下降,精神萎靡。现代人由于使用手机和电脑,长时间近距离工作或学习,很容易造成视疲劳,一般表现为眼干不适,眼珠胀痛,头胀头痛,甚至眩晕,心烦欲吐。中医认为视疲劳属于"肝劳"的范畴,目为肝窍,生于肾,用于心,究其病机,主要与肝心肾有关。因此,眼部的保健养护首先要养成良好的生活习惯,起居有常,劳逸结合,避免耗精伤气。历代养生家都主张"目不久视""久视伤血",强调养目与养神结合调养。

熨目这种保健方法由来已久,早在《诸病源候论》中就有这样的记载:"鸡鸣以两手相摩令热,以熨目,三行,以指抑目。左右有神光,令目明,不病痛。"这里强调的是早晨鸡鸣时,两手相互摩擦搓热后,将手掌放在两眼上,如此反复熨目三次,然后用食指、中指、无名指轻轻按压眼球,可以明目,缓解眼睛的病痛。另外,《圣济总录》也记载有"摩手熨目":"用两手侧立摩掌如火,开目运睛数遍。"中医学认为,肝开窍于目,目与肝的关系十分密切。因此《圣济总录》中也提道:"气血得温利则宣流,得寒则凝泣。肝藏血,上注于目。若肝经虚寒,则目多昏暗泪出之候。古方用温熨之法,盖欲发散血气,使之宣流尔。"也就是说,通过熨目可以使气血流通,祛除肝经虚寒之气,从而达到缓解视疲劳、明目的目的。

健身功效

温通阳气、明目提神、缓解视疲劳。

操作方法

方法一：熨目。双手掌面摩擦至热（图13-1），在睁眼时，两手掌分别轻放于两目上（图13-2），使其热气煦熨两目珠。稍冷再摩再熨。

图 13-1

图 13-2

图 13-3

方法二：运目。意识引导，使"气"运眼球在眼眶内转动。先从左侧睛明穴起，沿左眼眶上缘，向外至眼外角，再向内沿眶下缘转至右眼睛明穴，再沿右眼眶上缘，转至眶下缘，形成"∞"形，回至左睛明处（图13-3）。然后，从右侧睛明穴起，向反方向运转。

建议两种方法每次各练习5—8次为宜。

专家提示

此方法不受时间的限制,可以在眼睛觉得疲劳的时候随时进行。练习中要求呼吸自然,以意领气,气行意到。练习完成后,不要急着睁眼,可以静坐舒体,排除杂念,闭目养神,调整身心。

健康小贴士

不可乱点眼药水

每一个人的家里都可能有很多种眼药水,但您可千万不要随便拿来一种就用。因为它们不一定适合你,甚至有的还可能带来严重的后果。例如,防治近视眼的眼药水多数有类似阿托品作用的药物成分,能解除痉挛,散大瞳孔,但如果被患有青光眼的人用了,则会由于瞳孔扩大,虹膜被推向周边,造成房水排出困难;另外,虹膜紧贴在晶状体上,还会发生瞳孔阻滞,导致后房水进入前房受阻,使眼压增高,发生急性闭角型青光眼。因此,我们一定要多加注意,不要乱点眼药水。

动作 14　叩齿

健康原理

中医认为,"齿为骨之余",齿与骨同出一源,而肾主骨生髓,髓养骨,牙齿也由肾中精气所充养,所以牙齿的生长、脱落与肾中精气的盛衰有着密切的关系。在古代许多养生书籍中都有关于叩齿的记载,如《医学正传》卷五曰:"夫齿者,肾之标,骨之余也。"《仁斋直指方》卷二十一亦云:"齿者,骨之所终,髓之所养,肾实主之。经云:肾衰则齿豁,精盛则齿坚,诚哉是言也。"《云笈七签》中有:"齿,骨之穷……朝久琢齿,齿不龋。"《黄帝内经》中也有"齿宜数叩"的记载。叩齿的主要目的是健齿、固齿。现代科学认为,叩齿可以刺激牙齿,改善牙齿和牙周的血液循环,并能促进牙根的生长发育,使牙齿坚固,增强其抗病能力。

另外,腰为肾之府,而涌泉穴又是肾经的第一个穴位,也就是中医所说的井穴。肾为先天之本,肾气是人体的动力源泉,所以,腰部和涌泉穴在人体养生保健、防病治病等各个方面都非常重要。通过摩腰、擦足心可以有效地刺激肾经,起到强肾益精的作用。同时与叩齿结合起来,就可以收到固齿强肾、防病健身的养生保健效果。

健身功效

固齿强肾、防病健身。

操作方法

图 14-1

方法一：叩齿。坐于椅子上，身体放松，精神关注，口唇轻闭，牙齿有规律地做上下叩击运动，铿锵有声（图 14-1）。

图 14-2

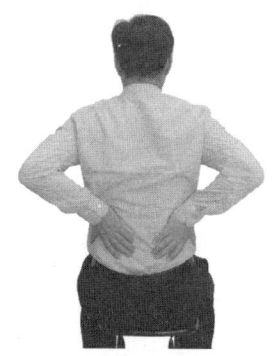

图 14-3

方法二：摩腰叩齿。坐于椅子上，身体放松，精神关注，口唇轻闭，两手掌搓热，随后两手放在后腰部，上下摩动（图 14-2、图 14-3），同时牙齿有规律地做上下叩击运动，每摩腰一次叩动一次牙齿。也可以采用"擦足叩齿"的办法进行锻炼。

建议两种方法每次各练习 36 次为宜。

专家提示

叩齿是中老年人较为喜爱的最为简便易行的健身方法,由于叩齿时唾液分泌增多,因此还可以与鼓漱和咽津结合练习。另外,摩腰和擦足时,上身尽量保持正直,手应在最大范围内摩动,同时也要注意保暖。

健康小贴士

口腔保健要从生活中的一点一滴做起

良好的生活习惯对我们的口腔保健必不可少。平时要多吃富含纤维素的粗粮,以增强牙齿的咀嚼能力和口腔的自洁作用;多进食新鲜蔬菜与瓜果等富含矿物质和维生素的食物,这样能给牙周组织提供足够的营养。由于核桃有助于缓解牙齿的敏感症状,所以经常"倒牙"的人可以每天嚼几个生核桃。

动作 15

搅舌咽津

健康原理

《内功图说·十二段锦》中有:"微摆撼天柱,赤龙搅水津,鼓漱三十六,神水满口匀。一口分三咽,龙行虎自奔。"这里包括两个动作,即赤龙搅水和鼓漱咽津。在赤龙搅水之前要"舌抵上腭"。舌抵上腭,俗称"搭鹊桥"。《分行外功诀》中有:"舌抵上腭,津液自生,再搅满口,鼓漱三十六次,作三口吞之,要汨汨有声在喉。谓之漱咽,灌溉五脏,可常行之。"这说明"抵颚搅舌"很容易产生津液,灌溉五脏。《本草纲目》卷五十二中对"口津唾"作了如下的说明:"人舌下有四窍,两窍通心气,两窍通肾液。心气流入舌下为神水,肾液流入舌下为灵液。"

我国自古就重视唾液的养生保健功用,古代养生学家把唾液称为"金津玉液",同精、血一样,是生命的物质基础。古人初创文字时,即以水从舌边为"活"字,意为舌旁之水(唾液)能维持人体的生命活力。因此,古人常以吞咽津液达到祛病强身、益寿延年之效。

健身功效

条达气机、清爽头脑、生津润喉。

操作方法

图 15-1

方法一：抵颚搅舌。两手握固，两臂放松，排除杂念，闭口呼吸、舌尖抵住上颚、提肛（图 15-1）。舌抵上颚的正确位置应该是口中发"尔"声，舌尖所抵之处即是。然后再用舌细细搅抹口腔各个部位，包括上颚、下颚、牙齿、牙龈等部位。搅舌完成后，用舌尖再轻抵上颚片刻，以刺激唾液腺分泌唾液，如此津液自生。

图 15-2

方法二：鼓漱咽津。搅舌完成后，待至津液满口，鼓漱津液三十六次，然后再分三口，把鼓漱后的津液缓缓吞咽下（图 15-2），吞咽时喉部应汩汩有声，如吞咽硬物状，并想象把津液直接送到小腹的丹田处。

建议两种方法每次各练习 3 遍为宜。

专家提示

此动作随时随地都可以进行。在办公室或日常生活中可以经常舌抵上颚并搅动,使口中产生大量津液。搅舌对防治老年性口腔黏膜病、舌体萎缩十分有效,能刺激涎液分泌增加,滋润胃肠,有助于脾胃功能,还能防治口苦口臭。注意,鼓漱津液要充分,而且咽津时要有汩汩的响声,并送到小腹的丹田处,这样能够取得更好的效果。

健康小贴士

唾液的养生价值

唾液(也称为口水),这看似寻常的口腔分泌物,古代养生家们却非常重视,将其称为"金津玉液",在历代的医学著作中对咽津保健都有着珍贵的记述。中医认为,"五脏化五液,心为汗,肺为涕,肝为泪,脾为涎,肾为唾,是为五液。"值得注意的是,中医视脾为后天之本,肾为先天之本,既然唾液为脾肾所化,那唾液就与生命活动密切相关了。经科学证明,唾液中包含了血浆中的各类成分,黏蛋白、球蛋白等10多种酶及近10种维生素,多种矿物质、有机酸及激素等。其中有一种唾液腺激素,它能促使细胞的生存和分裂,延缓人体机能衰退。

动作 16　揉牙龈

健康原理

中医认为，上牙龈属足阳明胃经，下牙龈属手阳明大肠经。所以牙龈与胃的关系最为密切。因此，揉牙龈有固齿护龈的作用。从现代医学的角度来讲，揉牙龈具有4个方面的作用：(1)护齿固牙：通过按揉上、下牙龈及牙颈和牙冠部，可以改善牙龈的血液循环，牙龈丰满才能保护牙齿，为牙齿提供充分的营养，使牙齿功能正常，就像树根和土壤一样，土丰才能根固，根深才能枝繁叶茂。(2)改善颌骨：此动作不但按摩了牙龈，而且揉动了颌骨，牙根是生长在颌骨上的，颌骨新陈代谢良好，才能保证牙根发育正常，提高咀嚼能力。(3)增加唾液分泌：此动作也可以同时揉动腮腺等唾液腺，所以兼有促进唾液分泌和减少口腔杂病的功能。腮腺不仅是主要的唾液腺，还具有免疫和内分泌腺的一些功能，因此揉牙龈的健康效益是综合的。(4)改善面颊：此动作活动了颜面、颌、颊，改善了这些部位肌肉的血液循环和神经功能，可保持颜面光洁细嫩，并降低发生面肌痉挛或面神经麻痹的可能性。

健身功效

固齿护龈，防治口腔疾病。

操作方法

图 16-1　　　　　图 16-2

图 16-3　　　　　图 16-4

方法一：端坐放松身体（图 16-1），将右手虎口放在鼻下，拇指与食指的侧缘分别夹住上牙龈，其余三指自然张开（图 16-2）。左手以相同方法，放在右手下方的下牙龈上（图 16-3）。两手拇指和食指及虎口处用力分别在上、下牙龈做上下、左右的挤压和揉按（图 16-4）。左右手可以上下交换进行锻炼。

建议左右手每次各练习 20—50 次为宜。

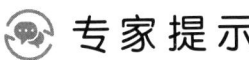 **专家提示**

锻炼时以能细细地揉遍牙龈为度。切记不能直接用手指接触牙龈,而应隔着面颊揉动。长期锻炼,有防治牙周炎、牙龈萎缩、牙过敏和护齿固牙的作用。

健康小贴士

牙齿健康是我们健康长寿的第一关

人到老年,胃肠系统的功能明显减退,而这时作为食物消化的第一道关口——口腔的功能也在下降,尤其是牙齿的咀嚼能力。咀嚼能力的下降,给后方的胃肠道对食物的消化吸收带来了更大的压力,甚至会造成吃饭时的吞咽困难,容易引发消化系统疾病。因此,对我们来说,牙齿保健是养生防病的第一要务,也是把住健康的第一关。

第三章

颈部健康小动作

人的颈椎上连头颅下接躯体，支配着颈部、躯干和四肢的诸多活动，在人体生命活动中起着非常重要的作用。颈项为十四经之通路，全身经络与颈项都有联系，《素问·至真要大论》中称，颈项强急就是由于风寒湿邪侵袭太阳经脉，或感受暑温，或津血耗损、筋脉失养所致。因此，中医学理论认为，颈椎病是由于颈项长期劳累，气血失和，加上外感风寒、阻滞经络所造成的。

有研究表明，近年来颈椎病的发病率呈上升趋势，并趋于年轻化，尤其是长期伏案工作的人群，成为颈椎病多发群体。由于颈部长期处于不良姿势，极易导致颈椎周围组织形成慢性劳损，进而发生纤维组织炎及退变性颈椎病，主要表现有颈项强痛、僵硬，甚者转侧不利，有的还可出现眩晕、肩臂疼痛、上肢发麻等症状。重者甚至会导致一些其他系统疾病，如动脉硬化、高血压、冠心病等，严重影响人们的正常生活与身心健康。所以保护好颈椎十分重要。

在日常生活中，我们可以通过颈部的推拿按摩和简单的小动作来调和气血、祛风散寒、舒筋通络，从而达到解痉止痛的作用。

动作 17　　　　　　　　　　　　　　　伸腰仰头

健康原理

《诸病源候论》中有记载："病心下积聚，端坐伸腰，向日仰头，徐以口纳气，因而咽之，三十过而止，开目作。""端坐，伸腰，直上展两臂，仰两手掌，以鼻纳气闭之，自极七息，名曰蜀王乔。除胁下积聚。"中医认为心下积聚之症往往是由于"阴阳不和，脏腑虚弱，受于风邪，搏于腑脏之气所为也。"《王子乔八神导引法》记载："闭气治诸病法：欲引头病者，仰头。"通过伸腰仰头的导引功法，让颈部充分伸展，慢慢以口纳气，睁开眼睛，吸取日光精华之气咽下，如此连续反复练习，以此来激发体内真气的运行，促进气机调畅，使滞者通、凝者散。

健身功效

除心下积聚。

操作方法

图 17-1

方法一：端坐于垫上，两腿伸直，腰部立起，两手合于腹前丹田处（男士左手在内，女士右手在内），面朝阳，慢慢仰起头，睁开眼睛，以口徐徐吸气，缓缓咽下（图 17-1）。如此重复练习。练习时呼吸顺其自然，避免憋气。

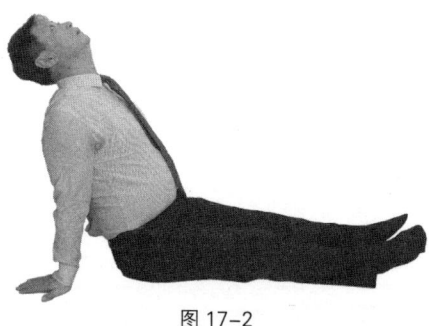

图 17-2

方法二：坐于垫上，两腿伸直，先将两手向后按地，仰面朝天（图 17-2），然后以口吸气，继而闭口缓缓咽下。如此重复练习。练习时呼吸顺其自然，避免憋气。

建议两种方法每次各练习 10—30 次为宜。

专家提示

中国传统导引法规定,以口吸气、鼻出气为"补",以鼻吸气、口出气为"泻"。另外,《王子乔八神导引法》中还提到,"虚者闭目,实者开目"。因此,不同的导引动作要求不同,调畅气机的作用也不同,练习者可以针对具体情况灵活采用。

健康小贴士

谨防"低头综合征"

所谓"低头综合征"也称为颈肩综合征,最早由日本红十字会的一位专家定名。"低头综合征"主要是由于人们在伏案工作或学习时,长时间保持一种不正确的姿势,使颈椎生理曲度发生变化,颈肩背部的肌肉等软组织持续地处于紧张状态而过度疲劳,并使血液循环受阻,甚至压迫神经,从而出现颈椎病、颈肩部软组织劳损、眩晕症等多种疾病的组合症状。主要表现为颈后部、肩部、背部酸胀、沉重或疼痛不适,严重时伴有上肢放射性疼痛,甚至出现头痛、头晕、耳鸣、恶心等症状。"低头综合征"的危害不可小看,长期发展下去容易导致颈椎病的发生,影响学习与工作。我们一般可以通过颈部锻炼来预防、减缓"低头综合征"的发生。因此,学习掌握一些颈部健康小动作是十分必要的。

动作 18

虚领顶劲

健康原理

"虚领顶劲"亦称"虚灵顶劲",是太极拳和健身气功等传统功法对头部姿势的基本要求。王宗岳《太极拳论》中就提到"虚领顶劲,气沉丹田"。"虚领顶劲"是解决头部端正问题的关键,也是周身中正、灵活、稳定的保证。杨澄甫在《太极拳说十要》中更具体地指出:"顶劲者,头容正直,神贯于顶也。不可用力,用力则项强,气血不能流通,须有虚灵自然之意。非有虚灵顶劲,则精神不能提起也。"许禹生则将其形象地比喻为"纲举目张",即"头顶为全身纲领,纲举则目张,头顶悬则周身骨骼正直,筋肉顺遂,偶有动作,全身一致,左右前后无掣肘之虞矣"。可见,这个小动作对人的精神状态及呼吸系统、神经系统和运动系统等都会产生调节作用。

健身功效

缓解颈疲劳,调节精神状态,调节呼吸系统、神经系统。

操作方法

图 18-1

图 18-2

方法：两脚开立，与肩同宽，身体自然安舒；头正颈直，下颌微收，意念集中在头顶的百会穴上，轻轻上领；肩臂松垂，两手手指微微张开，指尖朝前，掌心朝下，有轻轻下按之意（图 18-1），与头的上领形成对拉劲，颈部后侧有被牵拉的感觉；呼吸徐缓，沉于丹田，眼平视前方（图 18-2）。

建议此动作练习 5—10 分钟为宜。

专家提示

在完成此动作时,不能因为"虚领顶劲"而在上提时憋气。"虚领顶劲"有利于提起精神,而"气沉丹田"则有利于稳定身体重心,通过"顶劲"和"沉气"的上下对拉,也可以使身体自然松开,身体中正安舒。

健康小贴士

颈部保护很重要

人脑的供血八成是由脖子输送的。心脏向大脑输送氧气和血液主要通过4条管道,即一对颈动脉和一对椎动脉。脖子上的淋巴也是人体的第一道防线,因为病毒、细菌侵犯的首要通道就是呼吸道和口腔。受到感染的淋巴液回流时,第一站就是脖子。因此,脖子上的淋巴结也是最容易肿大的部位,随后才迁延到腋下和腹股沟。另外,只有七块骨头组成的颈椎,与肩膀构成一个沉重的十字架,支撑着分量不轻的脑袋。如果颈椎长时间处于紧张状态,容易产生慢性劳损、变形,一旦压迫到神经,会连带着肩部、上肢疼痛僵硬,活动受限。颈椎疾病已经成为现代人最容易患的疾病之一。因此,我们在工作生活中对颈部的保护非常重要。

动作 19　引掌挽颏

健康原理

《诸病源候论》中有记载:"一手长舒,合掌仰(令掌仰);一手捉颏挽之向外;一时极势二七,左右亦然。手不动,两向侧极势,急挽之二七。去颈骨急强,头风脑旋,喉痹,膊内冷注,偏风。"我们通过导引对颈项部的经络和血脉进行刺激,来调节颈项部气血平衡,提高对头部的气血供应;同时也可以刺激咽部的血管、神经等组织,调节咽部的血液供应。另外,通过长舒的手臂向外伸展,又可以有效地牵拉肩部韧带、关节、肌肉,有利于气血的均匀分布,进而润养神经,强化上肢的气血运行。因此,此方法着重于疏通经络,促进气血流通,对于治疗颈椎强直、头疼、喉痹、肩胛冷痛、偏风等有较好的效果。

健身功效

治疗颈椎强直、头痛、肩胛冷痛。

操作方法

图 19-1

方法一： 取站势，左手扶于右侧下颌处，轻轻用力向左侧挽拉；同时右手向前抬起，再向右侧缓缓平伸展臂，掌心朝上，使向左侧的挽拉与向右侧的展臂引掌形成牵拉。达到最大限度时停顿片刻后再缓慢还原（图 19-1）。换手向相反方向重复动作。

方法二： 取坐势，左脚踏地上，左手握住右足掌心涌泉穴处，用力挽拉右足，右手向右后方用力外展引掌，掌心朝上；当左手挽拉右足与右手的展臂引掌形成牵拉，达到最大限度时停顿片刻后缓慢还原（图 19-2）。换手向相反方向重复动作。

图 19-2

建议两种方法左右侧各练习 14—24 次为宜。

专家提示

挽颏转头与引掌展臂动作要一致,使颈部形成充分的对拉力,达到最大限度时,持续一会儿,然后慢慢放松,呼吸自然配合。避免耸肩和突然发力,以免造成颈部损伤。

健康小贴士

艾灸颈项理气血

长期伏案工作,肌肉缺少运动,筋脉失去濡养,很容易造成颈部风寒阻络。因此,在治疗上就要祛风、散寒、通络,而艾灸是最好的办法。《针灸问对》中有云:"寒者灸之,使其气复温也。"艾灸的热气可以通透到皮肤深层,有温经散寒、调理气血、扶正祛邪的作用。艾灸的穴位主要有大椎、百会、风池,阿是穴,以局部的温热感,不灼伤皮肤为度。每天每穴灸15分钟,每日1次。

动作 20

托颊仰头

健康原理

喉痹,又称喉闭,是指以咽部红肿疼痛,或干燥、异物感不适,吞咽不利等为主要表现的咽喉病。通过颈项的运动可以有效地刺激大椎穴,而大椎穴是手阳明大肠经和手少阳三焦经上循至后颈与督脉相会的穴位。中医认为,大椎穴是阻止风寒入体的第一道关口。揉按大椎穴,能激发阳气,通行全身。而阳气激发,温煦身体,能克制体内的阴寒。张家山汉简《引书》中有:"引喉痹,抚乳,上举颐,令下齿包上齿,力仰三而已。其病甚,令人骑其背,抚颜举颐而仰之,极而已。"而在《养生方·导引法》中也明确提出了:"两手拓两颊,手不动,搂肘使急,腰内亦然,住定,放两肘头向外,肘膊腰气散,尽势,大闷始起,来去七通。去喉痹。"此导引之法以活动颈项为主,因此可以有效刺激大椎穴,充分调畅阳气,扶正祛邪。

健身功效

治喉咙肿痛、闭塞不通、吞咽困难。

操作方法

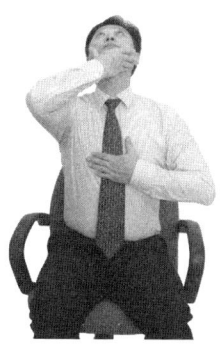

图 20-1

图 20-2

方法一：按胸托下颌。取坐式，静心安神，身体放松。随后右手上托下颌，轻轻上抬，使下齿包住上齿，尽力向后仰。左手则轻按住胸部向下方按拉，使胸颈前部有牵拉的感觉（图 20-1）。稍停，使头部缓缓复原。左右换手进行（图 20-2）。

图 20-3

图 20-4

方法二：双手托颊。用两手托住两颊，手不动，用腰部的力量，将两臂尽量靠拢并上抬两肘（图 20-3）。或者，用两手反托住两颊，两肘关节向外、向上打开，意念引导使肘、膊、腰部的气向外散开。达到最大限度后稍停（图 20-4），缓缓还原。

建议两种方法每次各练习 3—7 次为宜。

专家提示

使用练习方法一时两手用力要舒缓，后仰用力不能过猛，避免过度憋气。方法二的重点应该放在两肘上，两肘尽量从前方向上抬起；反托两颊时，则两肘尽量向外打开并向上抬起。注意，用力后仰时要适度，上抬两肘时也要避免憋气。

健康小贴士

长期伏案注意大椎穴的保健

大椎穴，又名阎王夺命锁，是人体的十字路口，有着承上启下的作用。传统道医称它为"诸阳之会"，因为这个穴位在背部的最高点，背部本来就属阳，所以大椎穴堪称阳中之阳。《甲乙经》记载："大椎，三阳，督脉之会。"如果大椎穴不通，将会堵塞七条经络，分别是督脉、膀胱经、大肠经、小肠经、三焦经、胆经、胃经。且大椎穴又是身体和大脑连接的要塞，大椎穴一堵，也会影响脑部供血，轻则引起头晕、头痛，重则引起心脏疾病。因此，长期伏案工作的人尤其要注意大椎穴的保养。

动作 21

摇天柱

健康原理

天柱穴位于颈脖处斜方肌外侧凹处,在后发际旁开一寸三分。人体以头为天,颈项犹擎天之柱,故名天柱。天柱穴属足太阳膀胱经,根据"经脉所过,主治所及"的观点,天柱穴可以治疗头面五官的病症。《万育仙书·八段锦坐功图诀》中有"微摇撼天柱"一势,就是通过头部运动牵拉天柱穴,起到疏通气血津液运行,以滋润濡养脑府,以达到调神通络、熄风宁神、平肝潜阳的作用,进而治疗诸如颈项强痛、肩背痛、痉症、腰痛等肢体经络病症。

健身功效

头清目明、气机流畅,治疗颈背痛。

操作方法

图 21-1

图 21-2

方法一：两手相合，右上左下，保持两肩要平，接着头缓缓向左转头，眼睛向左后方看，到最大限度时持续一会儿（图 21-1）；然后两手交换，左上右下，接着头缓缓向右转头，眼睛向左后方看，到最大限度持续一会儿（图 21-2）。

第三章 颈部健康小动作

图 21-3

图 21-4

方法二：两手采用握固的办法，即拇指弯曲，四指握住拇指。保持两肩要平，接着头缓缓向下、向左，再向左后上方侧视（图 21-3），到最大限度时持续一会儿。然后头再缓缓向下、向右，再向右后上方侧视（图 21-4），到最大限度时持续一会儿。

⏱ 建议两种方法左右各练习 24 次为宜。

专家提示

此动作为舒缓拉伸保健性动作,而非力量性训练,故无须施加任何外力。拧转颈部要缓慢适度,避免用力过快、过猛出现眩晕等症状。另外,练习时,呼吸要自然,避免因憋气而导致血压升高。

健康小贴士

调畅气机,恢复健康

人体的气机失常是产生疾病的主要因素,因此调畅气机对恢复健康有重要意义。气机是指气的运动,其形式复杂多样,内经将其概括为升、降、出、入四种基本形式,并将气的升、降、出、入视作人体生命活动的本源和象征。气的升降出入一旦停止,也就意味着生命活动的终止。气机失调多由情志内伤、邪气留滞,或脏腑经络等功能障碍所致。常见的气机失调状态可大体分为气滞、气逆、气陷、气闭、气脱五种。例如:临床上根据高血压病气机失常的基本病机,分为气虚、气滞和气逆。传统运动疗法是通过调畅气机、调控神志对高血压病起到治疗作用的,从气辨治高血压病,可采用以补气降压、行气降压、降气降压的方法;从神辨治高血压病,可采用以宁神降压、松静降压、畅情降压等方法。

动作 22　抱颈前屈

健康原理

随着人们现在电脑和手机使用频率的增多,很多人都出现了不同程度的颈部肌肉劳损和肌力不平衡。如果头颈长期固定不动,或经常单向运动(即经常向右侧或左侧转动),往往可导致斜角肌、胸锁乳突肌、斜方肌单侧劳损或肌力不平衡等进而引起颈椎病。《保生秘要》中记载了相关的导引法:"先擦手心极热,按摩风府百余次,后定心,以两手交叉紧抱风府,向前拜揖百余,俟汗自出,勿见风,定息气海,清坐一香,饭食迟进,则效矣。"这对于缓解颈部疲劳大有益处。

健身功效

预防感冒、缓解颈部疲劳。

操作方法

图 22-1　　　　　　图 22-2

方法一：坐于垫上，两手心相互摩擦发热，按摩风府穴百余次（图 22-1）；让心逐步安静下来，两手五指交叉，扣紧风府穴和风池穴，向前俯身百余次（图 22-2），直到流汗为止；调整呼吸，将气息下引至气海穴处，然后静坐一会儿。

第三章 颈部健康小动作

图 22-3

图 22-4

方法二：在上面功法的基础上，两手打开，抓紧后颈（图 22-3），头部慢慢后仰，使两手向前与头部向后仰起形成对拉的力，两手指由后颈向前方用力按摩（图 22-4）。

⏱ 两种方法练习的次数可以根据自身的身体情况选择，以身体微微出汗为宜。

专家提示

此功法低头俯身要缓慢,幅度要大,两手用力要适度,同时要注意,颈背部避免直接受风。行功完毕后,休息一段时间后才可以吃饭。

健康小贴士

"感冒"一词的由来

中医里没有"感冒"一词,说来比较有趣,此病名最初不是源于医家,而是源于官场。南宋年间,馆阁设有轮流值班制度,每晚安排一名阁员值宿,但值班的阁员开溜成风,其请假理由约定俗成,均写为"肠肚不安"。一名叫陈鹄的大学生硬被拉去馆阁值宿,他却标新立异大书"感风"二字。风为"六淫"之首,感者,受也,其后历代官场因袭之。到了清代,又发生突破性变化。清代官员请假,通称请"感冒假","冒"是透出的意思。"感冒假"的意思,即本人公务操劳,已感外淫,隐病而坚持至今,症状终于暴发出面,故而不得不请假将养。后来"感冒"一词就流传开来。

第四章

上肢健康小动作

我国古代的许多养生导引功法都非常强调两臂逢动必旋、逢作必绕的技法要求。通过手部和手臂等各关节有规律地旋拧缠绕等运动，对手少阴心经、手厥阴心包经产生挤压刺激，有助于温煦肌肤、通经活络、消积化瘀、理气和血、内安五脏等功效。

中医学认为，十二经脉"根"于四肢，"结"于头、胸、腹，即"四根三结"。另外，手指上面有六条经络，即拇指上的肺经，食指上的大肠经，中指上的心包经，无名指上的三焦经，以及小指上的小肠经和心经。通过经络的联系，手指与人体的各个脏腑器官发生密切的关系。实验表明，通过手指的活动，人的心、脑等重要器官的血流量会有明显的增加，故有"十指连心""手是第二大脑""手是又一个心脏"等说法。这说明四肢和头、胸、腹及其中的内脏器官有密切联系。

在日常生活和劳动中，肩部损伤的机会较多，如急性扭伤、慢性劳损，等等。如果平时不加强锻炼和保养，就很容易造成气血凝滞、经络不通，从而导致肩部疼痛及活动障碍。而长期进行肩臂（上肢）健康小动作的锻炼，可以有效促进肩背及上肢的血液循环，增强肌肉力量和各关节协调配合的灵活性，达到疏经通络、行气活血、舒筋壮骨、滑利关节的功效。

动作 23

耸肩沉肩

健康原理

中医认为肩颈是大脑的总开关,肩颈部出了问题,很可能导致脑部供血不足,以及颈部的经络受阻。轻柔的肩颈部运动(包括耸肩、沉肩)可以很好地增强头部血管的抗压能力,减少胆固醇沉积于颈动脉的机会,有利于预防高血压和中风。而且,通过反复的练习,还能使肩胛骨周边的肌肉和穴位得到充分锻炼,又能按摩颈椎,使颈肩部的血流畅通,从而起到舒筋活血的作用,所以此动作对颈椎病、肩周炎,以及现代的"电脑脖"等病症都有着很好的预防和治疗作用。

健身功效

舒筋活血、防治高血压、防治颈椎病、防治肩周炎。

操作方法

图 23-1

图 23-2

图 23-3

方法一：耸沉肩。两脚自然站立，双手垂于体侧（图 23-1），两肩随吸气同时向上用力耸起，耸得越高越好（图 23-2）；保持紧张状态静止一会儿，然后两肩随呼气用力快速下沉（图 23-3），使头颈与肩有争力的感觉。

第四章 上肢健康小动作

图 23-4

图 23-5

图 23-6

图 23-7

方法二：开合肩。接上一个方法，从耸肩开始（图 23-4），肩部慢速向后、向下，再向前做绕环动作（图 23-5）。当然也可以向前和向后反复进行含胸或扩胸的肩胸部练习（图 23-6、图 23-7）。

⏱ 建议两种方法每次各练习 24—36 次为宜。

专家提示

在练习过程中,头颈要正直,下颚内收,呼吸与动作要配合默契:耸肩时吸气,沉肩时呼气;合肩时吸气,开肩时呼气。这样才能达到最佳的效果。

健康小贴士

当心空调吹出肩周炎

夏日炎炎,酷暑难熬,许多人爱冲凉水澡,肩膀常受寒凉的刺激;夏天纳凉,有些人爱久坐于林荫道或屋檐下;也有一些人夏季睡觉不注意,肩膀裸露在外;加上电扇、空调的冷气较长时间地吹拂肩部;这些都可以造成肩周炎的发生。因此,夏季我们应特别注意保健,避免风寒,预防肩周炎的发生。

动作 24

直臂转膀

健康原理

根据中医经络学理论,人体背部分布着足太阳膀胱经和督脉等重要的经络。膀胱经主一身阳气,在背后循行路线最长,穴位最多,是人体最大的排毒通道,是长寿的主要经脉。而督脉则是诸阳之会,人体阳气借此宣发,是元气的通道。通过转膀可以间接刺激膀胱经和督脉的经络和穴位,起到疏通经络气血、调理脏腑功能的作用。另外,通过转膀,也可以使肩周的关节和肌肉得到锻炼,有效地预防和治疗肩周炎等肩部疾患。

健身功效

舒筋活血,防治肩周炎。

操作方法

图 24-1   图 24-2

方法： 两脚开立，两腿屈膝半蹲成马步，两手握拳，手臂始终保持伸直（图 24-1），以肩背为轴，做向下、向后、向上、向前的绕动（图 24-2）。

第四章 上肢健康小动作

图 24-3

图 24-4

也可以做前后拉锯的动作（图 24-3、图 24-4），使两臂分别带动肩带肌肉的运动，这样肩带周围肌肉和背部穴位都得到充分锻炼。

建议此动作左右交替绕动练习 12—24 次为宜。

专家提示

锻炼时，两臂应尽量伸直，以肩背的绕动为主，幅度要尽量大，这样才能使肩背部得到充分的锻炼，有效地刺激肩背部的经络与穴位。

健康小贴士

手爬墙疗法治疗肩周炎

用患侧的手摸住前面的墙，从低到高，用食指和中指交替慢慢向上爬，爬到自己能够耐受的高度。每天这样训练若干次，就会渐渐有进步，越爬越高，对肩周炎的恢复有很大的帮助。

动作 25　甩臂拍打

健康原理

　　拍打叩击疗法是我国优秀的自然疗法之一，它通过对体表相关部位经络和穴位的拍打刺激，使人体相应部位产生一系列生理上的变化，从而达到养生、防病、治病的目的。它是疏经活络，解除身心紧张和气血凝滞最为简易的方法。甩臂拍打是通过对肩部和后腰的相应部位或穴位进行力量适度的拍打，以起到舒畅经络之气、促进血液循环的作用，达到保健及祛邪的效果。另外，通过腰部和肩部的扭动，还可以有效防治肩周炎和腰椎疾病的发生。

健身功效

　　疏通经络、促进循环，防治肩周炎、腰椎病。

操作方法

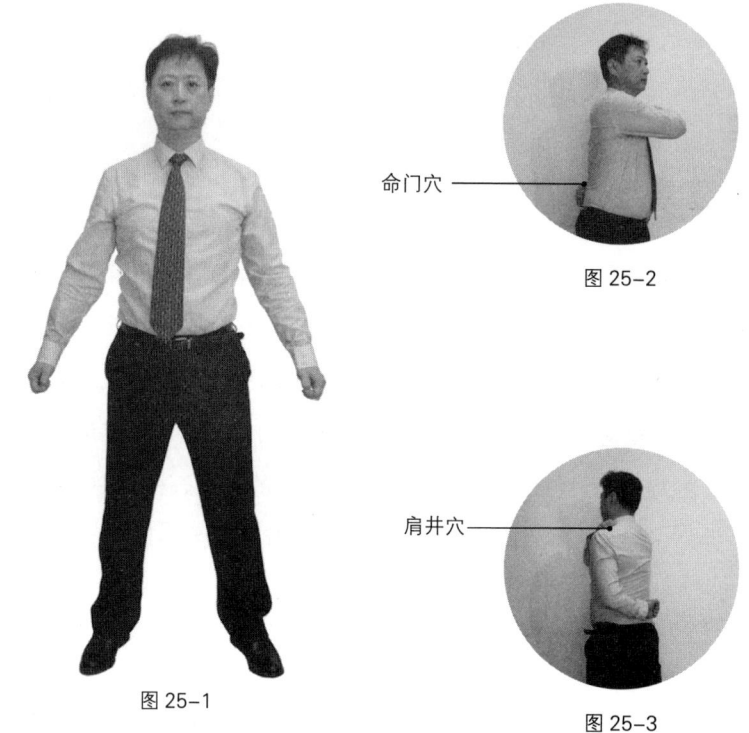

图 25-1
命门穴
图 25-2
肩井穴
图 25-3

方法：自然站立，身体放松，两手握成空心拳（图 25-1），以腰带臂向左转动，右拳随身体左转拍打左肩井穴，左拳则随转体拍打后腰命门穴（图 25-2、图 25-3）。

图 25-4

图 25-5

身体以腰带臂向右转动,左拳随身体右转拍打右肩井穴,右拳则随转体拍打后腰命门穴(图 25-4、图 25-5)。两拳拍打的穴位要有微微痛胀和发热的感觉。如此左右重复练习。

建议此动作左右各练习 30—50 次为宜。

专家提示

长期久坐的人在练习前一定要先做准备活动再开始练习,练习时不要用力过猛,以免受伤。另外,由于老年人关节逐步退化,因此身体旋转的幅度应根据自身情况而定,不可强求,自然放松即可。有腰椎间盘突出症的患者在选择此动作锻炼时要谨慎。

健康小贴士

如何预防腰椎间盘突出症?

(1)饮食应多样化,可适当增加牛奶、海产品等富含钙质的食品,补充体内钙质,减缓机体的衰老。

(2)应经常参加适度的运动,如太极拳、爬山、散步、门球、游泳等。

(3)应根据自己的实际情况合理安排家务劳动。

(4)在发生腰痛后应积极就诊,尽量到正规医院采用正规的推拿、理疗等方法治疗。

(5)在治疗其他疾病时,应避免长时间使用激素。

(6)定期做身体检查。

动作 26　两肘辘轳转

健康原理

此动作属十二段锦动作之一。它是以肘带动肩部进行锻炼的一种方法,不仅可以有效地活动肩关节、后背肌肉和脊柱等,而且对改善心肺功能也大有益处。辘轳是古代提取井水的起重装置,摇转手柄,使水桶一起一落,提取井水。

古人把打通督脉的动作比喻为"过三关",即尾闾关、夹脊关和玉枕关。夹脊关,又称为辘轳关,是练功通督脉上行的第二关。《金丹大成集》中明确指出:"问背后三关。答曰:脑后曰玉枕关,夹脊曰辘轳关,水火之际曰尾闾关。"

通过两肘展肩扩胸、向上提肩,再向前合肩含胸、向下沉肩等一系列动作,被形象地比喻为摇动的辘轳,这种动作可以有效地刺激手三阴经、手三阳经、督脉、膀胱经及背俞穴等,可以调理相应脏腑,有通畅心肺、益肾助阳的功效。

健身功效

防治肩周炎,增强心肺功能。

操作方法

图 26-1

图 26-2

图 26-3

方法一： 屈肘，先将左手放于左肩上（图 26-1），以左肩为轴，左肘关节在左侧做最大幅度的画圈动作（图 26-2、图 26-3）；然后换右侧，锻炼方法与左侧相同。

第四章 上肢健康小动作

图 26-5

图 26-4

图 26-6

方法二：两手放于肩上（图 26-4），两肘向前（图 26-5）、向下、向后、向上做大幅度的绕肩动作（图 26-6）。两肘向前时尽量含胸凸背，使背部有牵拉的感觉；两肘向后时胸部要展开，后背要有收紧的感觉。

⏱ 建议两种方法左右各练习 24—36 次为宜。

103

专家提示

做单侧辘轳转时,要控制好另一侧的肩部,不能随着单侧转动而前后摆动,否则达不到最佳效果。两种方法在练习时,都要求动作速度均匀,最好能配合呼吸。一般在肘旋向前时均匀吸气,肘旋向后时均匀呼气。

健康小贴士

经常挺胸有助心肺健康

俗话说:"人过六十岁,弯腰又驼背。"从医学观点看,任何原因导致的弯腰驼背对健康都有害。专家指出,经常昂首挺胸,不仅有助于延缓腰、颈椎病变的发生,还能增加肺活量,对健康和长寿都是有益的。因为经常弯腰、低头,会影响心肺功能,日久还易引起肩周炎、颈椎病、脊柱弯曲、驼背,加速衰老。而有意识地昂首挺胸直起腰时,胸围会增大,肺活量可增加10%—30%,血液中的含氧量也会随之增多,从而有利于促进新陈代谢。当然,昂首挺胸还有助于减少脊柱的弧度和腰椎病变,延缓衰老进程,使人显得精神焕发,朝气蓬勃。

动作 27　抓拍腋窝

健康原理

中医认为,腋窝顶点的极泉穴是手少阴心经的重要穴位之一,同时两腋又有四条经脉通过,即肺经、心包经、胆经和心经。另外,腋窝内还有大量支配上肢的神经、血管,以及汇集于上肢、胸壁等处的淋巴结群,它们都具有血液输送、免疫预防的功能。因此,坚持抓握和拍打腋窝可收到宽胸宁神、调和气血、行气活血、舒筋活络、散瘀祛邪等功效。

健身功效

刺激淋巴、改善心脏功能、提高免疫力。

操作方法

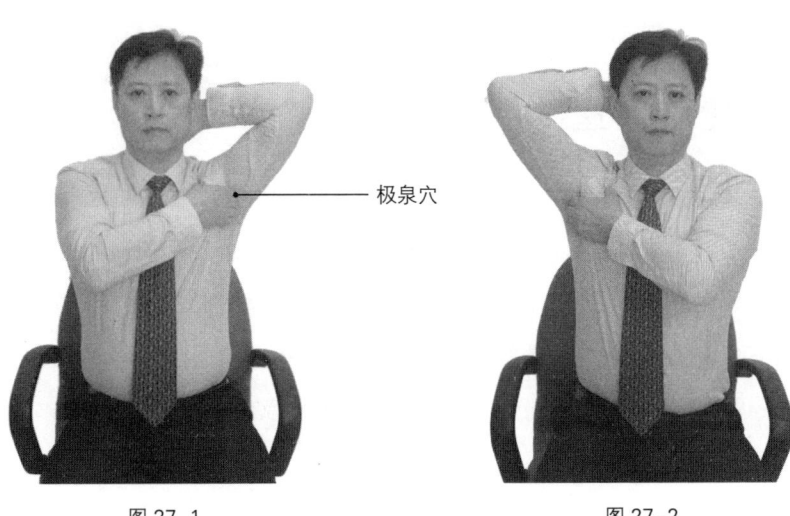

图 27-1　　　　　　　　　图 27-2

方法一： 抓揉腋窝。用右手食指、中指和无名指的指腹抓揉腋窝处的极泉穴，持续进行刺激，使腋窝和上臂有麻痛的感觉（图 27-1）；然后换左手抓揉按摩右侧腋窝处的极泉穴，同样持续进行刺激，使腋窝和上臂有麻痛的感觉（图 27-2）。

图 27-3

图 27-4

方法二：拍打腋窝。左臂屈肘上抬，左手置于头后（图 27-3），使左腋窝暴露出来，右手用掌或握拳拍打左侧腋窝处（图 27-4），用力要适中，使左腋窝有震动感。然后左右侧交换。

⏱ 建议练习 30—50 次或持续 3 分钟左右为宜。

专家提示

抓揉和拍打腋窝时,手法要匀速、轻柔,以免损伤局部的血管和神经。同时抓揉和拍打的力度也要适度,使腋窝和手臂有酸麻痛的感觉为好。拍打后静养休息,注意避风、避凉水。

健康小贴士

人体的八虚

中医认为,人体五脏的毒素容易藏在身体的八个大窝里,又称八虚,它们是双腋、双肘、双髀(即两胯)和双腘。五脏之邪就喜欢藏匿于八虚,肝邪聚腋窝,心肺邪聚肘窝,脾邪聚大腿窝,肾邪聚膝腘窝。因此,拍打八虚,可以拍出人体毒素,拍出邪气病气。通过经筋来调整人的气血,融养生保健治病于一体,同时又增强了人体的自我免疫能力。

动作 28

压肩抡臂

健康原理

肩周炎,俗称凝肩,是中老年人的常见病,多发于 50 岁左右的人群,因此又有"五十肩"之说。形成肩周炎的原因大多数是肩部受寒、受凉引起寒凝血瘀,瘀阻不通,不通则痛,因此也被称为漏肩风。按中医理论,肩周炎主要是足太阳膀胱经经气运行不畅,内部正气不足,外邪侵入经络,导致经络受阻,加剧疼痛。《灵枢·经脉》记载:"气盛有余,则肩背痛,风寒汗出中风……气虚则肩背寒",指的就是外感风邪侵入,导致足太阳膀胱经经脉不通,或者是肝肾虚弱,不能濡养经脉,从而产生疼痛。因此,肩背痛归纳起来主要原因是虚、瘀,外邪侵袭。通过主动拉伸肩部肌肉韧带等,可以有效地缓解此症状。

健身功效

使肩关节柔韧,改善肩周炎及肩部瘀阻。

操作方法

图 28-1

图 28-2

图 28-3

方法一：单压肩。身体面对肋木（或者稳固的椅子、墙壁等），两脚自然站立；右手扶于右膝关节处，或自然垂于体侧，左手直臂扶于肋木（或者稳固的椅子、墙壁等），以肩关节为着力点有节奏地向下沉压，使肩部有牵拉的感觉，持续一会儿（图 28-1）；然后身体缓慢还原站立，放松一下肩关节。接着可以做单侧抡臂动作（图 28-2、图 28-3）。放松后交换进行右侧单压肩练习。

图 28-4

图 28-5

图 28-6

方法二：双压肩。面对肋木（或者稳固的椅子、墙壁等），两脚左右开立，身体前俯，两手抓握肋木（或者稳固的椅子、墙壁等），两手间距离与肩同宽，手的高度略高于腰部，两腿、两臂保持伸直，以肩关节为着力点有节奏地向下沉压（图 28-4），使肩部有牵拉的感觉，持续一会儿；然后身体缓慢还原站立，放松一下双肩。接着可以做双侧抡臂动作（图 28-5、图 28-6）。

建议两种方法压肩和抡臂各练习 10—20 次为宜。

专家提示

压肩与抡臂可以单独练习,也可以结合进行,练习时速度、力度要适中,以放松肩部为主,不要太快。切记练习时要循序渐进,以自己的身体状况和肩部柔韧度选择练习时间的长短,以免造成肩部的损伤。

健康小贴士

肩颈酸痛的主要原因

造成肩颈酸痛的原因有多种,有时可能不是由于肩部或颈部受损,而是由于身体内部胃气虚弱、主疏泄的肝或者自主神经调节功能等出现问题了。现代人坐着的时间越来越长,这种生活习惯很容易造成人体上半身与下半身的气血运行不畅,使得肩颈、背部气血凝聚,进而演变成"肩凝症"。很显然,这种"肩凝症"并不是由于肩颈损伤造成的,所以通过按摩、揉捏等方法只能暂时缓解肩颈的疼痛,解决不了根本问题。因此,只有改变我们的生活方式,克服久坐的习惯,多运动,才能从根本上解决肩背酸痛的问题。

动作 29　甩手

健康原理

甩手疗法又称"甩手功",由于其简单易行深受群众喜爱。它是由古代《易筋经》演变而来的,其中专门有"易筋甩手功真传"一章。手臂上有三条阴经和三条阳经,即手太阴肺经、手少阴心经、手厥阴心包经三条阴经和手阳明大肠经、手少阳三焦经、手太阳小肠经三条阳经。通过手指、手掌和手腕等有节律地甩动,可以把这六条经络的气血充分调动起来,这样可以改变身体上盛下虚的状态,使下部坚固,上身轻松,疾病自祛。因此,"甩手十九诀"曰:"上宜虚,下宜实。头宜悬,口宜垂。齿宜叩,舌宜抵,津宜咽。胸宜絮,背宜拔,腰宜轴,臂宜摇,肘宜沉,腕宜重,手宜划,腹宜实,跨宜松,肛宜提,跟宜石,趾宜抓。"练习甩手功时要求心平气和、全身放松,动作轻柔舒缓、力度适中。长期锻炼对于提高免疫力,促进血液循环,防治心血管疾病等有着很好的疗效。

健身功效

防病强身、促进血液循环,防治慢性病,防治眩晕失眠。

操作方法

图 29-1

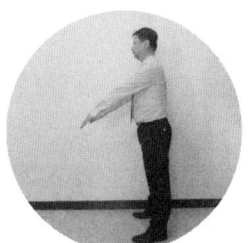

图 29-2

图 29-3

方法：双脚自然站立，与肩同宽，脚趾抓地，全身放松，两眼平视（图 29-1）。两手臂前后甩动，前摆时不宜太高（以 45 度为宜），用三分力（图 29-2）；向下、向后甩动时，要用七分力，力达手指（图 29-3）。呼吸自然配合。

建议每次练习 50—100 次，适应后逐渐增加次数。

专家提示

可根据自己的身体情况合理控制甩手次数和速度,由少到多,循序渐进,使身体逐步适应,才能达到良好的锻炼效果。两手甩动时要全身放松,特别是肩、臂、手部,以利气血通畅;同时要以腰、腿带动甩手,不能只甩两臂,体会"上虚下实"的感觉。呼吸要自然,适应后可改为腹式呼吸,效果更好,唾液多时要有意识地缓缓咽下。

健康小贴士

谨防"鼠标手"

经常使用电脑工作的人很容易患上"鼠标手"。"鼠标手"又称为腕关节综合征,它是指人体的正中神经在进入手掌部的经络中,受到压迫所产生的症状,会导致食指和中指疼痛、麻木与拇指肌肉无力感等。在现实的工作中发现,鼠标的位置越高,对手腕的损伤越大;鼠标距离身体越远,对肩部的损伤就越大。因此,我们建议长期使用电脑的人群,不要在电脑前连续工作过长的时间,在连续使用鼠标一个小时之后做一做放松手部的活动,以减轻手腕部的压力。

动作 30 双手托天

健康原理

　　三焦是中医藏象学说中一个特有的名词,为六腑之一,是上、中、下三焦的合称。其理论是将躯干划分为三个部位,横膈以上内脏器官为上焦,包括心、肺;横膈以下至脐内脏器官为中焦,包括脾、胃、肝、胆等内脏;脐以下内脏器官为下焦,包括肾、大肠、小肠、膀胱。"双手托天理三焦"是八段锦中的一势。所谓"双手托天理三焦",就是通过双手托天的动作,使全身伸展,同时又伴随深呼吸,一方面有助于三焦气机运化通畅;另一方面可以通过两臂的伸展对内脏进行按摩和调节,从而起到通经脉、调气血、养脏腑的效果。另外,通过双手上举还可以使脊椎骨拉伸,有振奋精神、通畅血脉、消除疲劳和防止老年性驼背的作用。

健身功效

　　通经脉、调气血、养脏腑。

操作方法

图 30-1

图 30-2

图 30-3

方法： 自然站立，中指相接置于小腹前，双手掌心向上（图 30-1）。吸气，双手上提至胸口高度（图 30-2），翻掌，上举到头顶，手臂伸直双手托天，两手掌心向上，足跟微微离地，使身体尽量向上伸展（图 30-3）。整个过程要均匀吸气，伸展后要闭气稍停顿片刻。随后两手分开像抱球状，缓缓向下，手回到原位，并均匀呼气。

⏱ 建议此动作每次练习 24—36 次为宜。

专家提示

完成此动作时,脊椎骨节要向上拉伸。按照传统说法,此式更有"理三焦""除胸膈邪"等功效,对于防治颈椎病也有一定的疗效,同时皆有振奋精神、通畅血脉、消除疲劳和防止老年性驼背的作用。

健康小贴士

度冬宜暖背

中医学认为,背为阳中之阳,为督脉和足太阳膀胱经循行之处。督脉总督一身之阳经,太阳经主一身之表,风寒之邪侵袭人体,太阳经首当其冲。因此,冬季如果背部保暖不好,风寒之邪极易通过背部侵入,直达与背部腧穴相关的脏腑和组织器官,损伤阳气而致病,或使旧病复发、加重。所以,我们在冬季最好穿件紧身的棉(或鸭绒、皮毛)背心,这一点对于患有过敏性鼻炎、风湿病、慢性支气管炎、胃及十二指肠溃疡及心血管疾病的人来说尤为重要。

第五章

手部健康小动作

居家小动作　养生大健康

手是人体的重要器官,手部有极为丰富的毛细血管网和末梢神经,与人体内的各个脏腑器官也有着密切的关系。中医理论指出:手是阴阳、经脉、气血会合的重要部位,手三阴经从胸走至手,手三阳经从手走至头。因此,手指有人体六条经络的起止点,分别为拇指上的肺经、食指上的大肠经、中指上的心包经、无名指上的三焦经、小指上的小肠经和心经。手指也是接受大脑指令采取行动,并向大脑反馈感觉的最灵敏和最频繁的部位,也被称为"脑外之脑"。脑科学家认为,手指在大脑皮层的感觉和运动机能中,占的比重最大,经常活动手指来刺激大脑,可以延缓脑细胞的衰老,改善记忆力、思维能力。中国俗语有"十指连心""得心应手"等说法。德国著名哲学家康德(Kant)也曾经说过这样一句话:"The hand is the visible part of the brain."(手是人类外在的大脑。)因此,合理锻炼我们的左右手手指,可以充分协调左右脑的工作,开发弱势脑,提高大脑注意力,激发大脑活力和潜能。

动作 31　卷指抓空

健康原理

所谓"抓空",就是两个拳头反复用力握紧、松开,又称为"鹰抓""抓把"。通过缓慢有力地抓空练习,既可以提高手指抓握能力和灵活性,也可以提高上肢肌肉的力量,有效地改善手指和上肢的血液循环。这对于防治手指或手臂的萎软乏力,以及伤科术后或轻度瘫痪后的恢复,都有较好的作用。因为手掌上分布许多经络和敏感的穴位点,通过手指运动刺激手部的经络和穴位,一方面能够有效地缓解手部由于长期固定工作所造成的疲劳,另一方面还可以调节全身的血液循环,能够有效地锻炼大脑。这也恰恰是我们所倡导的,通过小动作实现大健康。

健身功效

提高手部抓握力,促进手指关节灵活性。

操作方法

图 31-1

图 31-2

图 31-3

方法一： 两手前伸平举，手臂微屈，掌心朝下，十指松开外撑（图 31-1）。指掌各关节逐节缓慢使暗劲用力抓握，由掌变拳，握拳要紧（图 31-2、图 31-3），同时凝神聚气，稍停。随后缓缓舒指，让手指尽量张开，调整呼吸。如此反复练习。

第五章 手部健康小动作

图 31-5

图 31-6

图 31-4

方法二：在握拳时，两手手指由小指开始，依次使暗劲用力卷收握拳（图 31-4、图 31-5、图 31-6），同时凝神聚气，稍停。然后再从大拇指侧开始依次舒指打开，如此反复练习。

⏱ 建议双手握空练习 12—24 次为宜。

123

专家提示

练习时强调手指要缓慢用力,使暗劲,细细体会各个指关节屈指握拳的细节,练后手部会有酸胀或温热的感觉。但对疾病患者或年老体弱者来说,抓握的力度和次数可根据自身情况进行调节,不必苛求一致。

健康小贴士

手心多汗要防脾胃病

中医认为,脾主四肢,凡脾胃湿热、内蒸不宣、血虚、阳亏、中阳不足,均可导致手足多汗。所以,如果出现手心脚心多汗,就一定要考虑消化系统疾病的可能,应该及时到医院检查,以免贻误病情。

动作 32

撅指转腕

健康原理

我们手上的经络和穴位十分丰富,既有手三阳经、手三阴经的循行,又有众多经外奇穴的分布。因此,经常对手部进行直接的按摩和刺激,可以有效地疏通经络气血,调理心、肺、脑、肝、肾等脏腑功能。由于中指的两侧有高血压区和低血压区,所以做十指相交按摩,也可以对血压起到调节作用。又指转腕练习对防治高血压、冠心病、脑血栓后遗症、末梢神经炎、指腕部关节炎诸症都具有一定的疗效。因此,通过撅指转腕可以有效地促进手掌的血液循环,增强脏腑机能,恢复脑功能,达到健身祛病的目的。

健身功效

舒筋活络、宽胸理气、健脑祛病,防治高血压、冠心病。

操作方法

图 32-1

图 32-2

图 32-3

图 32-4

方法一： 屈肘，双手合掌于胸前，右手抓住左手的指端（图 32-1），以腕稍用力，压手指、压手背，有节奏的推压指腕部，使手指及腕关节做最大限度的背屈（图 32-2）；保持一定时间后，慢慢还原。换另一手进行练习（图 32-3、图 32-4）。

图 32-5

图 32-6

方法二：右手反抓左手的指端，使左手指端朝下，掌根用力，向前方推进，使手掌、手臂有酸胀的牵拉感（图 32-5）。保持一定时间后慢慢还原，换另一手进行练习（图 32-6）。

图 32-7

图 32-8

方法三：十指相叉，腕部放松，向前、向下、向后转动腕关节（图 32-7），然后向后、向下、向前转动腕关节（图 32-8）。

建议三种方法左右各练习 16—24 次为宜。

专家提示

完成转腕动作时速度要均匀,不要用力过猛,腕部活动要灵活,幅度要由小逐步到大。

健康小贴士

健脑动动手

大脑对手指的支配最为精细。大脑皮层管理一个大拇指活动的区域,比管理一条大腿的区域大10倍还要多。医学家发现,脑萎缩患者手指的灵活性大为下降。相反,经常使用手指的人,如画家等,则极少发生脑萎缩和老年性痴呆症。实践证明,多动手、勤练手指能锻炼大脑,延缓大脑衰老,预防老年痴呆症。

练习手指的方法很多,如果手、眼、脑之间能够默契配合,其健脑效果会更好。所以,我们建议大家经常弹弹钢琴、拉拉二胡、吹吹笛子等,这些活动对预防脑部老化都极为有益。

动作33 推击掌心

健康原理

按照中医经络学说,人体最重要的12条正经中,与手相关的有6条,与手相关的穴位有23个。此外,手上还分布有经外奇穴34个,全息穴(区)42个。也就是说,仅仅在手部就有99个穴位(或全息区)。按摩或按压这些穴位,有着重要的保健和治疗作用。"健身法门千千万,唯有击掌最简单!"这话乍听起来有些偏颇,但也并非毫无缘由。推击掌心是一种很好的健身功法,通过推击掌心能激活经络,促进气血运行。

中外医学家对手、脑关系进行研究后发现,拍打手掌不但能健脑益智,增强记忆力,消除疲劳,提高思维能力,还可以调理气血,疏通经络,对于治疗手部麻木痉挛、高血压、脑血栓后遗症、失眠、上肢关节炎、便秘、围绝经期综合征等多种常见病都有较好的疗效。因此,长期坚持推击掌心,可使人元气充沛、头脑清醒。

健身功效

祛心烦、助消化、调理脏腑、祛病健身。

操作方法

图 33-2

图 33-1

方法一：推掌心。右手拇指按于左手的掌根部（图 33-1），用右手拇指指腹推按左手的手心，由掌根开始向掌指方向推按（图 33-2）。可以分为三条线：第一条是掌根经小鱼际向掌指方向推按；第二条由掌根经掌心向掌指方向推按；第三条由掌根经大鱼际向掌指方向推按。然后，左右手交换练习。推按时要有点力，使手掌心有发热的感觉。

图 33-3

图 33-4

图 33-5

图 33-6

方法二：击掌。自然站立，全身放松。右手握拳，握拳时拳面平整，力度适中地击打左手掌心（图 33-3、图 33-4），同时也可以通过右拳的骨关节有意识地击打手掌中的穴位。连续击打使手有胀麻的感觉后可以左右手交换重复练习（图 33-5、图 33-6）。如果一边散步，一边击掌也可帮助消化，并激活全身各组织器官，振奋精神，且有祛除心烦的作用。

建议两种方法各练习 24 次或 10—20 分钟为宜。

专家提示

无论是推按还是击打都应在掌心进行全面刺激,如果个别区域出现压痛、酸、麻、胀等现象,一方面可以做重点按压,另一方面通过痛点所对应的脏腑也可以及时做出诊疗。另外,击掌动作要以击掌后手掌产生胀麻感为宜。击打时要由轻而重,轻重因人而异,量力而为,适可而止。全身自始至终放松,呼吸自然配合。

健康小贴士

老人走,莫背手

我们经常见到一些老年人喜欢背着手走路,其实这是一种不科学的做法。因为老年人背着双手时,手臂会向内、向后旋转,上臂的肩端会向前旋出,肩关节就相应向前、向内扣出,于是上身的重心也会前移,使本已佝偻的上身更加向前倾斜。于是为了保持平衡,头颈及下巴也向前伸出,这样就会让人更显佝偻。而且这样的走路姿势重心不稳,稍有不慎就会摔倒。

动作 34

按揉合谷

健康原理

合谷是山名。《山海经·中山经》曰:"合谷之山。"合谷穴位于第一、二掌骨之间,在第二掌骨桡侧的中点处,开则凹陷如谷,合则凸起如山,是手阳明大肠经的原穴。选穴时可用另一只手的拇指第一关节横纹正对虎口边,拇指弯曲按下,指尖所指就是合谷穴。合谷穴在治疗头面部的疼痛中有明显的作用。由于作用显著,取穴方便,适应范围广泛,故一直被历代医家所重视,常用于治疗牙龈肿痛、头痛、上颌窦手术后疼痛,以及扁桃体炎等疾病。经常按摩合谷穴,能有效保持牙齿健康,减少口腔疾病的发生。同时,由于大肠经从手走头,凡是头面上的病,像头痛、发热、口干、流鼻血、咽喉病及其他五官疾病等,都可以通过刺激合谷穴达到治疗效果,所以古人有"面口合谷收"之说。

健身功效

止痛、防面瘫、抗衰老、防治头面病。

操作方法

图 34-1   图 34-2

方法： 左手拇指、食指张开，右手拇指正对左手虎口，呈十字交叉状，左右手相对（图 34-1），然后以右手拇指弯曲用力按揉合谷。连续按揉使合谷穴有酸胀的感觉后可以左右手交换重复练习（图 34-2）。

建议此动作左右练习 16—24 次为宜。

专家提示

在按揉合谷穴时,要掌握好按揉的力度,以有一定的酸胀感为宜。体质较差的人,不宜给予强烈的刺激。另外,要注意剪短大拇指的指甲,以防按揉时间过长损伤局部皮肤。

健康小贴士

偏头痛,警惕青光眼

青光眼是以眼压增高为主要特征的常见老年性眼病,其中闭角型青光眼更为常见。不少闭角型青光眼发作时,往往以半边头痛、恶心、呕吐为主,患眼仅有略微胀痛的感觉,故家人或患者本人会误认为重感冒或胃肠炎而求治于内科医师。如果医生经验不足,就会造成误诊误治,结果导致视功能的极大损害。因此,老年朋友们应当多加注意。

动作 35

敲指

健康原理

现如今,人们的压力越来越大,很容易产生焦虑、抑郁等负面情绪。当人的情志长期被压抑、难以排泄时,很容易出现一些心理问题。研究发现,按压指尖时会激发血液、淋巴和自律神经等系统,从而达到缓解情绪、协调身心,提高免疫力的作用。从中医经络的角度看,十指尖上的穴位叫十宣穴,它具有开窍醒神的功效,而且十指的指甲旁各有井穴。《灵枢》说:"病在脏者,取之井。"古人以失神昏聩为"病在脏"。《难经》也说:"井主心下满。"所谓"心下满"简单地说就是心里堵闷不痛快。所以刺激井穴最能调节情志,怡神健脑。两手十指轻轻敲击,或在桌上敲敲,使手指有微痛感,对消除忧郁和烦恼会有很大的好处。

健身功效

激活经络、调节情绪,防止焦虑、抑郁等心理疾病。

操作方法

图 35-1　　　　　　　　　图 35-2

方法一：双臂屈曲，双手十指微屈，使十指指尖相对（图 35-1）。然后两手十指尖相对用力敲击（图 35-2）。

图 35-3　　　　　　　　　图 35-4

方法二：将两前臂、腕置于桌面上（图 35-3），手腕背屈，用十指敲击桌面（图 35-4）。

建议两种方法各练习 50—100 次为宜。

专家提示

本动作方法极其简单,在实际运用中,练习者可以不必拘泥于上述要求,随时随地进行,比如在散步时或者坐车时都可以练习。另外,敲指时要注意力度,不能太轻,敲击后要使十指有胀麻的感觉,这样效果才好。

健康小贴士
手麻病因知多少?

很多人都会出现手麻的现象,那么手麻到底是什么原因造成的呢?归纳起来,大致有以下几种:(1)上肢神经受压:主要表现为手指的麻木疼痛,常有夜间麻醒史,严重者伴有肌萎缩。(2)颈椎病:颈椎间盘发生退行性变化,导致颈椎间盘突出或是关节突发生增生或肥大,进而压迫邻近的神经,从而出现手麻。(3)中风:《卫生宝鉴·中风门》说:"凡人初觉大指、次指麻木不仁或不用者,三年之内有中风之疾。"虽然手指麻木不一定会发生中风,但对于年龄在40岁以上的中年人来说,如果经常出现头痛、眩晕、头重脚轻、肢体麻木、舌头发胀等症状,且平时又有高血压、高血脂、糖尿病、脑动脉硬化等疾病时,应多加注意,要警惕中风的发生。(4)更年期综合征:更年期的妇女有时候也有手麻的现象,但是并不明显,随着更年期的结束,手麻现象就会随之消失。

第六章

胸腹健康小动作

居家小动作　养生大健康

从解剖的角度看,胸腹内部包容着五脏六腑,外部则分布着丰富的肌肉、神经和经络穴位。关于胸部的按摩保健方法,早在先秦时期的《管子·霸形》中就有"刜胸"(自摩其胸)的记述。《圣济经·稽原疾证章》中也记载有"摩胸以通鼻塞"的方法。说明我国古代用按摩的手法来减轻胸部病痛已经较为普遍了。腹部的保健按摩方法通常是以揉、摩、荡等方法为主。唐代司马承祯《服气精义论》就有"摩腹绕脐"的记载,孙思邈提出"饭后行百步,数以手摩肚"的养生之法。清代著名医家方开总结了八种腹部自我推拿法,称之为"延年九转法"。他认为"摩腹之法,以动化静,以静运动,合乎阴阳,顺乎五行,发其生机,神其变化,故能通和上下,分理阴阳,去旧生新,充实五脏,驱外感之诸邪,消内生之百症。补不足,泻有余,消长之道,妙应无穷"。这段精辟的论述充分揭示了摩腹有调整阴阳、补虚泻实、除旧生新、促进脏腑功能之效。下面我们将向大家介绍一些胸腹部的健康小动作。

动作 36

捶胸舒胸

健康原理

我们在生活中遇到非常悲痛、懊悔之事时往往会"捶胸顿足",其实"捶胸"也是一种很好的解压方式。

胸部的中央有膻中穴。膻中属任脉,位于两乳之间,平第四肋间隙,前正中线上。胸为宗气聚会之处,而膻中穴为气之会穴,具有顺气宽胸之效,功能为调理气机,主治咳逆上气、胸痛气喘、心悸心慌。胸腔内有心肺等脏器,且胸腔表面为多条经络的循行之处。因此,通过捶胸可以让聚积在胸部的代谢产物更加顺利地散掉,让人气息通畅,排除忧虑、解决气闷,并能调节心肺功能。另外,舒胸可以有效地调理"三焦",通过缓慢用力舒展手臂,保持胸部抻拉可使"三焦"通畅,调理肺气,舒肝解郁,主治气急、气喘,对防治肩部疾患、预防颈椎病等也具有良好的效果,同时对促进胸部的血液循环,刺激胸腺和淋巴腺都有一定的益处。

健身功效

激活经络、调畅气血、改善心肺功能。

操作方法

膻中穴

图 36-1

图 36-2

图 36-3

方法一：两脚开立，与肩同宽，双手握空拳（图 36-1），手臂摆动用拳心捶击胸部膻中穴区域（图 36-2），两手交替进行捶胸练习（图 36-3）。也可以围绕着整个胸部进行适度捶击。

第六章 胸腹健康小动作

图 36-4

图 36-5

方法二：两脚开立，与肩同宽，重心前移，脚跟提起，两手直臂向后侧下方极力舒伸，掌根用力后撑，使胸部尽可能地向前上方挺出（图36-4），稍停顿片刻；然后放松全身，使两臂下垂，还原成自然站立状态（图36-5）。重复练习。

建议两种方法左右各练习8—16次为宜。

专家提示

捶打时手法不宜太重,以胸部能够感觉轻轻震动为度。配合呼气练习效果更好。

健康小贴士

气短病因多

许多人对气短却不太在意,其实气短常是许多疾病的信号:(1)左心衰竭:多见于高血压、冠心病、心脏瓣膜病等患者。除了气短,睡觉时喜欢把枕头垫高,常被憋醒,突然发作的夜间呼吸困难也是左心衰竭的典型症状。(2)肺气肿:表现为呼吸困难,稍一活动则加剧,咳嗽时无力,痰不易吐出。(3)冠心病:冠状动脉供血不全时,我们就会感觉胸部憋闷透不过气,最好及时做心电图检查。(4)自发性气胸:突然出现一侧剧烈胸痛,呼吸困难,仔细观察可见病侧胸部外廓膨隆及肋间增宽,此时应避免剧烈咳嗽并及时检查。(5)肺栓塞:多见于心瓣膜病、下肢血栓性静脉炎、心脑血管病,以及手术后由于血栓脱落阻塞肺动脉所致。如出现呼吸困难、胸痛、咳嗽等症,需警惕。此外,肺癌、晚期肺结核、矽肺、支气管哮喘及各类肺炎等都可能有气短的症状。

动作 37　摩胸揉胁

健康原理

通常在完成前一个"捶胸"动作后可接着做摩胸揉胁练习，借此进一步畅通气血并消除因捶胸引起的某些反应。

推摩胸部的主要目的在于通过手的推摩刺激巨阙穴。巨阙穴属任脉，位于脐上六寸，前正中线上，具有和中降逆、宁心安神的功能，可以治疗嗳腐吞酸（俗称打饱嗝、泛酸水）、胸闷腹胀、胃痛腹泻等病症。另外，胸腺是淋巴系统的中心器官。因此，经常对胸腹部进行推按不仅对胃肠有一定好处，还能缓解胸痛、心痛、心烦、惊悸、胸满气短等症状，同时对于调节胸腺功能，增强人体的免疫功能也会产生积极作用。

揉胁也是缓解胁痛十分有效的方法。由于肝居胁下，胆附于肝，肝胆之经脉循行于两胁，故胁痛的发生多与肝胆疾患有关。如《灵枢·五邪》中有"邪在肝，则两胁中痛"的说法，《素问·藏气法时论》也说"肝病者，两胁下痛引少腹"。本动作通过晃腰揉胁，可以有效地疏肝理气、活血化瘀，缓解肝气郁结、瘀血停着、肝阴不足等所致的胁痛。

健身功效

宁心安神、疏肝理气，调肠胃、助消化，增加免疫力。

居家小动作　养生大健康

📋 操作方法

图 37-1

图 37-2

图 37-3

图 37-4

图 37-5

图 37-6

方法一：自然站立，两臂垂于体侧，左手随身体右转上提至右胸乳头上方（图 37-1），随后身体左转，左手经前胸正中两乳头之间向下推擦（图 37-2），继续斜下行，推向对侧的臀部（图 37-3）。反方向重复上述动作（图 37-4、图 37-5、图 37-6）。

第六章　胸腹健康小动作

图 37-7

图 37-8

图 37-9

图 37-10

方法二：双脚开立，双掌放在腹侧（图 37-7），随着腰部的转动，两掌缓慢有力地由右向左合揉两肋（图 37-8、图 37-9、图 37-10）。完成此动作时，也可以一边揉胁，一边左右交替地耸动肩胛骨，使胸腹部得到充分锻炼。

⏱ 建议两种方法左右各练习 10—24 次为宜。

147

专家提示

通过推揉前胸和腹部，可以按摩腹内脏器，使肠胃蠕动增加，促进胃液、胆汁、胰腺和小肠液的分泌，增强消化吸收功能。练习时要注意转腰、摩胸、揉胁的协调一致，转腰的动作不宜过大。

健康小贴士
补锌可提高免疫力

锌在人体的免疫系统中扮演着重要角色，胸腺肽是人体重要的免疫激素，而锌是它的主要成分。缺锌时，最理想的办法是通过食物来补锌。含锌较高的食物有动物蛋白，如瘦肉、鱼类、动物肝脏及麦芽、青菜等。核桃、瓜子等坚果类食物也是锌的储藏宝库。常食上述食物，对因缺锌引起的某些疾病和增强自身免疫功能都大有裨益。

动作 38

摩腹

健康原理

摩腹被古代养生家称为摩生门、摩脐腹,是饮食调理保健的重要环节之一。《寿世保元》说:"食后常以手摩腹数百遍,仰面呵气数百口,趑趄缓行数百步,谓之消化。"养生家孙思邈在《千金要方》中也提道:"平日点心饭讫,即自以热手摩腹,出门庭行五六十步,消息之。""中食后,还以热手摩腹,行一二百步,缓缓行,勿令气急,行讫,还床偃卧,四展手足勿睡,倾之气定。"可见,古代养生家对饭后摩腹、散步非常重视。

现代医学认为,摩腹能促进血液及淋巴液循环,增强胃肠蠕动,加速消化液分泌,改善消化吸收功能,防治习惯性便秘和慢性胃肠炎。摩腹还能刺激末梢神经,使毛细血管开放,促进机体代谢,防治肾炎、高血压、冠心病、糖尿病等疾患。同时长期坚持摩腹锻炼还能够强健腹部肌肉,起到减肥健美的效果。

健身功效

调理肠胃、改善睡眠,防治肾炎、高血压、冠心病、糖尿病等慢性病。

📋 操作方法

图 38-1

图 38-2

图 38-3

方法：坐式或卧式均可。以坐式为例，两手交叠放于腹部（男士左手在内，女士右手在内，图 38-1），按顺时针方向呈圆周形按摩腹部，按摩时手掌稍微用力（图 38-2、图 38-3）。按摩结束后，将按摩发热的双手放置在丹田处，意守丹田，静坐片刻。

⏱ 建议此动作练习 16—24 次为宜。

专家提示

摩腹时须匀速、缓慢、柔和、轻松自然。宜在饭后半小时进行,不宜空腹进行。本动作以调理慢性病为主,须持之以恒,养成习惯,日久方显成效,不可操之过急。

健康小贴士

老年人饮食"十要"

老年人的消化功能逐渐降低,心血管系统及其他器官也都有不同程度的变化,因此对老年人的饮食应有特殊的要求。为保持身体健康,应注意以下10个方面:(1)饭菜要香;(2)质量要好;(3)数量要少;(4)蔬菜要多;(5)食物要杂;(6)菜肴要淡;(7)饭菜要烂;(8)水果要吃;(9)饮食要热;(10)吃时要慢。

动作 39

腹式呼吸

健康原理

《黄帝内经》中有"人一呼脉行三寸,一吸脉行三寸,呼吸定息,脉行六寸"的说法,这说明呼吸对我们的影响是非常大的。如果说,吞咽是滋阴的妙法,那么呼吸就是壮阳的绝招。明代养生家冷谦所著的《修龄要旨》中专门提道:"一吸便提,气久归脐,一提便咽,水火相见。"其中就包含了腹式呼吸的养生要旨。腹式呼吸包括顺腹式呼吸和逆腹式呼吸。通过腹式呼吸,胸腔容积扩大,能够使心脏得到充分的舒张,有利于心肌的供血与供氧。另外,由于腹式呼吸时膈肌和腹壁肌肉的运动及腹腔内压力的变化,使腹腔内脏器也可以得到自然按摩,促进胃肠道蠕动,从而加速了胃的排空和小肠的吸收功能。同时腹式呼吸还可以改善大肠的功能,能够促进机体内废物及肠内毒素的排出。

健身功效

净化血液、促进内脏功能、缓解便秘。

操 作 方 法

图 39-1

图 39-2

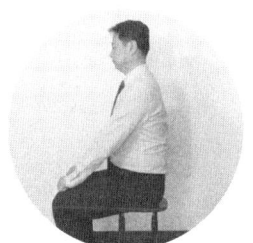

图 39-3

方法： 坐式或卧式均可。以坐式为例，两手握固，身体放松，思想集中（图 39-1）。顺腹式呼吸的做法是吸气时腹部慢慢隆起，屏息 1 秒呼气时腹部慢慢收紧，再屏息 1 秒钟（图 39-2）。

逆腹式呼吸的做法是吸气时慢慢收缩小腹部，使小腹部凹陷，屏息 1 秒；呼气时小腹部自然放松，或使小腹部慢慢鼓起，再屏息 1 秒（图 39-3）。

建议每分钟进行 4—8 次腹式呼吸，持续练习 5—10 分钟为宜。

专家提示

腹式呼吸锻炼要在自然呼吸的基础上进行,要求身体和精神自然放松。练习时,要循序渐进,不能急于求成,逐渐达到呼吸的深、长、细、匀。身体好的人,屏息时间可延长,呼吸节奏尽量放慢、加深。身体差的人可以不屏息,但气要吸足。

健康小贴士

便秘危害多

活动较少的人胃肠蠕动相对缓慢,大便在肠腔内干结后,就可导致肠梗阻。另外,便秘可加重痔疮,甚至在解便时出现痔疮破裂出血、肛裂、局部感染等现象。最危险的是便秘时排便困难,用力屏气,导致腹肌强力收缩,腹内压力升高,加上过度的精神紧张,刺激人的交感神经系统,使心跳加快、血管收缩,血压升高,心脏收缩时的阻力增大,加重心肌缺氧,导致冠状动脉发生痉挛,引起心绞痛,严重者可致急性心肌梗死。如果原有高血压病的人还可能发生高血压危象、高血压脑病或脑出血的可能。因此,平时要养成定时排便习惯,并要适当增加运动量,多吃水果、蔬菜,多饮水,少吃辛辣之物,必要时可用开塞露。

动作 40　六字诀

健康原理

六字诀是我国南北朝时期梁代的陶弘景提出的一种养生方法,他在《养性延命录》中提道:"凡行气,以鼻纳气,以口吐气,微而引之名曰长息。纳气有一,吐气有六。纳气一者,谓吸也,吐气有六者,谓吹、呼、唏、呵、嘘、呬,皆出气也。"唐代著名医药学家孙思邈在《孙真人卫生歌》中更是进一步指出:"春嘘明目本扶肝,夏呵心火可自闭,秋呬定收金肺润,冬吹肺肾得平安,三焦嘻却除烦热,四季常呼脾化餐,切忌出声闻口耳,其功尤胜保神丹。"六字诀在明代以前是没有动作配合的,其功法只是单纯的呼吸吐纳之法。到了明代以后,才有呼吸与动作相配合的文字资料。如明代胡文焕的《类修要诀》中的"祛病延年六字法"就提道:"肝若嘘时目睁睛,肺知呬气手双擎,心呵顶上连叉手,肾吹抱取膝头平,脾病呼时须撮口,三焦客热卧嘻宁。"这里向大家介绍的六字诀是在马礼堂先生"六字诀养身法"的基础上整理而成的。

健身功效

通瘀导滞、散毒解结、调整虚实、延年益寿

操作方法

图 40-1

预备式：身体自然站立，头顶如悬，双目凝视，舌抵上腭，两臂自然下垂，沉肩垂肘，含胸拔背，松腰坐胯，双膝微屈，采用顺腹式呼吸（即吸气时腹部鼓起，呼气时腹部收缩），周身放松，大脑入静，体会"心静体松"的练功状态（图 40-1）。

（1）"嘘"（xu）字功治肝病。

本功法对肝郁或肝阳上亢所致的目疾、头痛及面肌抽搐等症有一定疗效。

方法：身体自然站立，两手相叠于丹田（男左手在下、右手在上，女子相反，图 40-2）。随呼气念"嘘"字。口型为两双唇微微闭合，舌尖向前，两边向中间微微卷起，舌体稍向后缩，上下齿间留有缝隙。以意领气使两眼慢慢尽力瞪圆，并内视肝区。足大拇指稍用力上翘，提肛缩肾。呼气尽后，动作还原，进入自然呼吸。稍停，再重复"嘘"字功动作，如此重复练习。

图 40-2

(2)"呵"(ke)字功治心病。

本功法对心神不宁、心悸怔忡、失眠多梦等症有一定疗效。

图 40-3

图 40-4

图 40-5

方法：身体自然站立，两手指尖相对置于丹田处，手心朝上（图 40-3），两手如托物抬至胸前，手心向上，并均匀吸气，使两臂内侧有牵拉的感觉（图 40-4）。随后两手翻掌缓缓下按至腹前，指尖相对，手心向下（图 40-5），同时呼气念"呵"字。口型为半张口，舌体微微上拱，舌边靠下牙。以意领气使无名指与小指侧稍用力，有热胀之感，以理心经之气。呼气尽后，动作还原，进入自然呼吸。稍停，再重复"呵"字功动作，如此重复练习。

（3）"呼"（hu）字功治脾病。

本功法对脾虚下陷及脾虚所致的消化不良等症有一定疗效。

图 40-6　　　　　图 40-7

图 40-8　　　　　图 40-9

方法： 身体自然站立，两手指尖相对置于丹田处，手心朝上（图 40-6），两手如托物抬至胸前，手心向上，并均匀吸气，使两臂内侧有牵拉的感觉（图 40-7）。随后右手翻掌向上托举手心向上，左手翻掌下按手心向下（图 40-8），两掌形成上下对拉的力，同时呼气念"呼"字。口型为撮口如管状，唇圆似筒，舌放平向上微卷，用力前伸。以意领气由下至上有牵拉腹腔的感觉，以理脾经之气。呼气尽后，动作还原，进入自然呼吸。稍停，再重复左侧"呼"字功动作（图 40-9），如此重复练习。

(4)"呬"(si)字功治肺病。

本功法对于肺病咳嗽、喘息等症有一定疗效。

图 40-10

图 40-11

图 40-12

方法：身体自然站立，两手指尖相对置于丹田处，手心朝上（图 40-10），两手如托物抬至胸前，手心向上并均匀吸气，使两臂内侧有牵拉的感觉（图 40-11）。随后两掌翻掌向两侧推出，掌心向外，指尖向上（图 40-12），同时呼气念"呬"字。口型为两唇微向后收，上下齿相对，舌尖入两齿，由齿向外发音。以意领气使气息达大拇指端的少商穴，以理通肺之气。呼气尽后，动作还原，进入自然呼吸。稍停，再重复"呬"字功动作，如此重复练习。

(5)"吹"(chui)字功治肾病。

本功法补肾，对肾虚、早泄、滑精等症有效。

图 40-13　　　　图 40-14　　　　图 40-15

图 40-16　　　　图 40-17

方法：身体自然站立，两手指尖相对置于丹田处，手心朝上（图 40-13），两手如托物抬至胸前，手心向上，并均匀吸气，使两臂内侧有牵拉的感觉（图 40-14）。随后两手经腰后肾俞穴向前划弧（图 40-15），使手臂在胸前撑圆如抱球状（图 40-16），并均匀吸气。随后身体下蹲，两手下落虚抱两膝（图 40-17），同时呼气念"吹"字。口型为嘴微张，嘴角稍向后咧，舌微微向上翘并微向后收。以意领气使足底涌泉穴向上引，以理肾经之气。呼气尽后，动作还原，进入自然呼吸。稍停，再重复"吹"字功动作，如此重复练习。

（6）念"嘻"（xī）字理三焦之气。

本功法对由于三焦气机失调所致耳鸣、耳聋、腋下肿痛、齿痛、喉痹症有效。

图 40-18

图 40-19

图 40-20

方法： 身体自然站立，两手指尖相对置于丹田处，手心朝上（图 40-18），两手如托物抬至胸前，手心向上，并均匀吸气，使两臂内侧有牵拉的感觉（图 40-19）。随后两手内旋翻掌向上托起，手心向上（图 40-20），同时呼气念"嘻"字。口型为两唇微启稍向里扣，上下相对但不闭合，舌微伸而有缩意，舌尖向下，气息由两边牙齿缝隙中呼出，有嘻笑自得之貌。以意领气使无名指和足四趾气感增强，以理三焦之气。呼气尽后，两手再由面前顺势下降至丹田，进入自然呼吸。稍停，再重复"嘻"字功动作，如此重复练习。

建议每一字功法各练习 6 次为宜。

专家提示

进行"六字诀"锻炼时,十分强调口型和发音的重要性,不同的发音和不同的口型会产生不同的内外气息变化,从而影响体内脏腑气血的运行和经络的运行状况。初学时一定要出声,这样可以使气机通畅。而且,通过发音才能正确掌握口型,才能区别我国古代音阶中的角、徵、宫、商、羽,以及其与人体肝、心、脾、肺、肾五脏的对应关系。不发声则没有五音,也就失去六字诀的养生效能。

健康小贴士

五行与发音、脏腑、方位、季节对应表

五行	发音	脏腑	方位	季节
木	嘘	肝	东	春
火	呵	心	南	夏
土	呼	脾	南	长夏
金	呬	肺	西	秋
水	吹	肾	北	冬
木	嘻	胆、三焦	东	春

第七章

腰背健康
小 动 作

腰为肾之府,肾位于腰部脊椎两旁。现代医学认为肾脏是一个排泄、内分泌器官,而中医学认为肾是一个综合性功能单位,它具有主管生长发育、生殖、水液代谢、纳气、生髓化血和濡养脏腑六方面的功能。最为重要的是,肾阴肾阳又称真阴和真阳、元阴和元阳,为人体阴阳的根本。肾阴肾阳平衡,则全身阴阳平衡。肾阳有促进机体的温煦、运动、兴奋和化气的功能;肾阴有促进机体的滋润和濡养、制约阳热的功能。肾者亏虚,阴阳不足,会导致各种病症的发生。在中医学中,肾还有一重要的名称,"命门"。《景岳全书》中说:"命门者,为水火之腑,为阴阳之宅,为精气之海,为生死之窦……此为性命之大本。"因此,有"肾者,精神之舍,性命之根","肾气盛则寿延,肾气衰则寿夭"等说法,可见肾在人体的重要性。

另外,腰背部也是足太阳膀胱经和督脉的循行之处。因此,对腰背部进行推拿、按摩可以有效地刺激相应的经络,从而激活脏腑机能,达到健身防病的目的。自古医家和养生家都十分重视对腰背部的保养和锻炼。腰背部的健康锻炼方法很多,通过腰背部的转、摩、晃、伸等动作,可以达到增补肾气、通经活络、消除瘀滞的作用,使气机通畅,消除腰部疼痛。下面我们将遴选一些腰背部的健康小动作做详细介绍。

动作 41

转腰晃腰

健康原理

中医理论认为,肾主腰脚,肾经虚损,风冷便乘虚侵入,侵袭足少阴之经脉和督脉,使经脉阻滞,经气不畅而致腰痛。转腰抱球和顺逆晃腰恰恰强调的是以运转腰部和行气为主。腰为肾之府,运动腰部有助于增补肾气,消除瘀滞。因此,针对腰部的导引行气有助于疏通足少阴脉和督脉,使人体气机通畅,消除腰痛。另外,通过腰部的运动,还可以锻炼腰部的肌肉和关节达到防治腰椎疾病的目的。

健身功效

增补肾气、消除瘀滞、缓解腰痛、防治腰椎病。

操作方法

图 41-1

图 41-2

图 41-3

方法一：转腰抱拳。两脚开立，两腿微屈，身体保持中正，两手下按于体侧，指尖朝前，掌心朝下（图 41-1）。身体慢慢右转，右手向上画弧至胸前，掌心向下，左手随右转收至腹前，掌心向上，两掌心相对呈抱球状（图 41-2）；随后身体左转，左手向左、向上画弧至胸前，手心翻转向下，右手向下、向左画弧至腹前，掌心朝上，两掌心相对呈抱球状（图 41-3）。如此左右重复练习。

第七章 腰背健康小动作

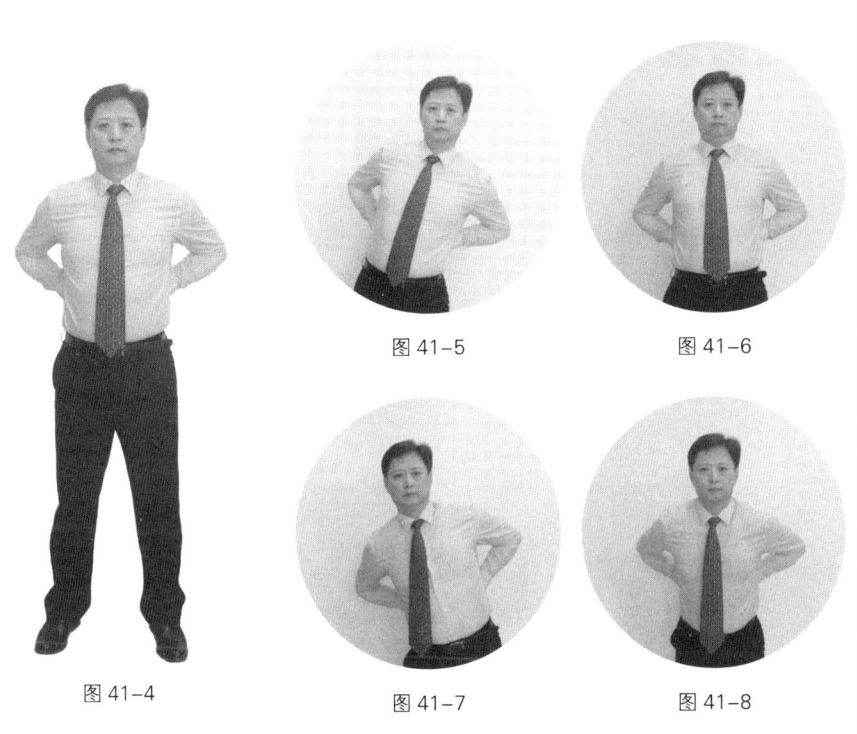

图 41-4　　　图 41-5　　　图 41-6

　　　　　　　图 41-7　　　图 41-8

方法二：顺逆晃腰。两脚开立，两手置于后腰肾区（图 41-4），使腰部做顺时针、逆时针方向的绕环运动（图 41-5、图 41-6、图 41-7、图 41-8）。当腰部向前时，后腰要尽量前顶；当腰部向后时，腹部要尽量后收。

⏱ 建议两种方法左右各练习 24—36 次为宜。

💬 专家提示

练习时身体要中正,转腰与两手动作的配合要协调,使腰部转动充分,体会腰部拧转的感觉,完成速度要均匀,呼吸要自然。另外,要提醒大家注意,有腰部疾患如腰椎间盘突出症,进行此方法锻炼时需谨慎。

健康小贴士

谨防"闪腰"

人过中年,骨、关节和韧带都易发生退行性病变,关节附近骨质增生,使腰部的活动度和负重能力受到影响,加上应变能力减退,在搬抬重物、转体甩物,甚至下床穿鞋、伸腰打哈欠时都有可能"闪腰"。

那么,平时应当注意些什么呢?归纳起来,主要有以下几个方面:(1)加强营养,尤其是蛋白质、钙质和维生素D的摄入。(2)积极锻炼身体,打太极拳、慢跑、做体操都可以,并注意腰背肌肉的锻炼。(3)选用硬板床或新绷紧的棕床,以维持脊柱的生理性弯曲。沙发、板凳不宜过低。(4)采取适当的姿势,如从地上拎重物时,应屈膝下蹲,避免弯腰;拿重物时,物体要尽量靠近身体,贴近腰腹部,两腿轻微下蹲。

动作 42

摩肾堂

健康原理

摩肾堂,主要是针对肾区进行专门按摩,以促进肾区气血流注,防治由于肾气虚怯引起的各种病症的自我按摩疗法。此法经明代《遵生八笺》归纳整理后得以广泛流传,近现代保健按摩中亦多有采用。中医认为,风邪伤人多由背部侵入,因此主张"背宜常暖"。八段锦中专门有"闭气搓手热,背摩后精门;尽此一口气,想火烧脐轮"的导引方法。就穴位而言,摩肾堂主要是摩擦肾俞穴,此穴属足太阳膀胱经,中医用以治疗肾炎、肠炎、神经衰弱等病症,它也是最常用的保健壮肾要穴之一。因此,常摩肾堂可以散发津液,下通水液,有滋阴润燥、泻热消火,培养下元之功效。

健身功效

壮腰强肾,治疗腰痛、腰肌劳损、坐骨神经痛。

操作方法

图 42-1

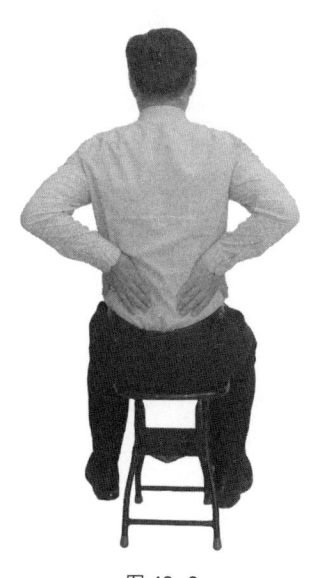

图 42-2

方法： 坐于椅子上，身体放松，舌抵上腭，以鼻慢慢吸气，吸满后闭气不息；同时两手互相摩擦至热（图 42-1）。

摩擦至热的双手放于肾区，上下推摩（图 42-2）。闭气至极则慢慢呼气，同时放松全身。如此重复练习。临睡前练毕即可卧睡；早起时练毕，则可小憩片刻后起床。

初练者可以根据自身闭气时间的长短来决定推摩的次数，随着闭气时间的增加推摩次数也随之增加。

专家提示

练习时,两手最好直接接触肾区进行推摩,不宜隔着衣服按摩,因此在入睡前与起床后练习效果更佳。另外,避免吃完饭后即刻进行练习,应在食后半小时进行。

健康小贴士
腰背酸痛巧选床

有腰背酸痛的人最好选择相对硬一点儿的床。因为睡硬板床能使腰部伸直、脊柱平展、腰肌放松,有利于腰部的休息,从而减轻腰背酸痛。另外,腰背酸痛严重的人宜采取仰卧姿势睡觉,并在腰背部垫一个薄枕头,这样可以使腰背部肌肉得到充分放松。

动作 43　跪地后撑

健康原理

此功法出自《诸病源候论·冷热病诸候》之"病冷候":"互跪,两手向后,手掌合地,出气向下。始渐渐向下,觉腰脊大闷还上,来去二七。身正,左右散气,转腰三七。去齐下冷闷、解溪内疼痛。""病冷候"认为:"夫虚邪在于内,与卫气相搏,阴胜者则为寒。真气去,去则虚,虚则内生寒。"这说明冷病是由于内虚生寒所致。因此,此动作通过以意领气益阳,阳气充足,脏腑调和,骨节解利,病冷候即可消除。

健身功效

消除膝下部虚冷、脐下冷等症候。

操作方法

图 43-1

方法一：双膝跪于地垫或床上，两手在身后以掌撑于地垫或床上，上体缓缓向下方仰伸，直到腰脊有压迫感（图 43-1）；活动腰部，一上一下屈伸腰脊，以意念领气达到沟通心肾之气。然后用手辅助再将上体缓缓恢复直立，稍放松后再重复完成此动作。

图 43-2　　　　　　　　图 43-3

方法二：身体跪立，两手扶腰左右转动（图 43-2、图 43-3），同时意念引气向左右散开，从而一身元气通彻。如此左右重复完成此动作。

建议两种方法每次各练习 14—21 次为宜。

专家提示

方法一的动作对于膝关节和腰腹的力量要求较高,因此,练习时需谨慎,可以根据自己的身体情况,先使两手用力后撑住,再使上体缓慢后仰。起身时也要倍加注意,用手辅助上身慢慢立起,不可勉强脱手直接立身,以免腰腹力量不足出现意外伤害。

健康小贴士

膝关节保养要得法

关于膝关节的保养这里给大家几点建议。(1)膝关节不能受凉。如果膝关节长时间受凉或寒冷的刺激,很容易导致膝关节滑膜炎的发生。(2)膝关节最怕潮湿,所以不要睡卧在潮湿的地方,更不能在夏天出汗后用冷水冲洗膝关节和下肢,这样会影响下肢的血液循环。(3)平时应坚持做适当的下蹲、起立的交替活动,以防止膝关节过早僵硬强直。另外,平常参加高强度体育运动的人,进入中年后应逐渐减少运动量,减轻膝关节的压力和磨损。

动作 44 抬臂拧转腰

健康原理

孙思邈的《摄养枕中方》有云："卧起,平气正坐,先叉手掩项,目向南视上,使项与手争,为之三四。使人精和,血脉流通,风气不入,行之不病。又屈动身体四极,反张侧掣,宣摇百关,为之各三。"这个动作通过项与手的相争及抬臂转腰,能够充分调动人体血脉畅通,可以促进血液循环,有利于身体阳气生发。同时,通过两臂的外展,可以有效地刺激上臂和腰部的经脉,尤其是腰部的带脉。带脉是一条人体腰部的横向经脉,它就像一条将人体所有的经脉系在一起的带子,所以称为带脉。另外,带脉—腹肌—腰痛存在着整体功能相关性,能够相互影响、相互作用。因此,通过调节带脉以增强腰腹肌的力量来治疗腰痛会起到良好的效果。

健身功效

防治肺中邪气、防治肝中邪气。

操作方法

图 44-1

图 44-2

方法一：抬臂侧屈。坐式或站式，两肘关节展开，尽力抬起右臂，使身体向左侧倾倒，至最大限度后屏息（图 44-1），再慢慢还原；尽力抬起左臂，使身体向右侧倾倒，至最大限度后屏息（图 44-2），再慢慢还原。如此左右重复练习。

图 44-3

方法二：项手争力。坐式或站式，两手十指交叉抱于头后，两手向前用力，而头则向后用力，使头与手形成相争之力（图 44-3）。如此重复练习，以使精气和谐，血脉畅通，不受风邪侵袭。

图 44-4

图 44-5

方法三：左右回转。坐式或站式，两手十指交叉反掌置于头后，两肘关节展开，两臂带动上体尽力向左侧转体，至最大限度后屏息（图 44-4），再慢慢还原；尽力向右侧转体，至最大限度后屏息（图 44-5），再慢慢还原。如此左右重复练习。

建议三种方法每次各练习 3—12 次为宜。

专家提示

整个过程两肘关节始终保持展开状,使上臂和胸肋充分舒展,通过躯干的侧倒和转体充分调动和疏通人体的肺经和肝经。躯干侧倒和拧转时要缓慢、循序渐进,切莫快速用力,以免造成损伤。

健康小贴士
久坐伤害多

久坐行为指人在清醒状况下的任何低能量消耗行为,包括静坐、倚靠或平躺等。近年来,久坐行为的健康危害越来越受到关注,我们已经认识到它会增加全因死亡风险、心血管病死亡风险和 2 型糖尿病发病风险。一项纳入 9 项队列研究共 70 万例研究对象的荟萃分析结果提示,当一个人每天静坐时间超过 10 小时后,每增加 1 小时的静坐行为,心血管病发病风险增加 8%。其实久坐对肝脏和筋经的影响也很大。因为人体的关节、肌腱、韧带都属于肝系统,是肝脏赖以疏泄条达的结构基础和重要通道。在现代社会中,很多人由于工作的原因,在电脑前一坐就是半天,这样会令关节、肌腱、韧带僵硬,降低柔韧灵活度,从而导致肝疏泄条达系统内的通道不畅通。因此,久坐对人的身体健康是极其有害的。

动作 45　　　　　　　　　　　　　　　　　拍背

健康原理

背部是督脉和足太阳膀胱经所过之处,有心俞、肝俞、胃俞等许多保健要穴。拍背可以刺激这些经络和穴位,达到疏通经脉气血、调理脏腑机能的作用。另外,拍背还可以刺激胸腺功能的恢复和提高,使"休眠"的胸腺细胞处于活跃状态,从而增加胸腺素的分泌,并作用于各脏腑组织,提高机体的免疫功能,有利于防治心、肺、肝、肾等脏腑的疾病。

健身功效

通经活络、调理脏腑。

操作方法

图 45-1

图 45-2

图 45-3

方法一：两脚开立，两手用手背由腰臀部向上依次拍打（图 45-1），至最大限度后（图 45-2），再由上而下依次拍打至腰臀部（图 45-3）。

图 45-4　　　　　图 45-5　　　　　图 45-6

图 45-7　　　　　图 45-8　　　　　图 45-9

方法二：右手托住左肘关节，使左手上抬，并使其最大限度向右后方伸展（图 45-4），随后用左掌用力拍打右肩胛骨内侧（图 45-5、图 45-6）；两手交换，左手托住右肘关节，使右手上抬，并使其最大限度向左后方伸展（图 45-7），随后用右掌用力拍打左肩胛骨内侧。如此左右交替进行练习（图 45-8、图 45-9）。

建议两种方法每次各练习 6—24 次为宜。

专家提示

练习方法一时,反手拍打背部依次上升的高度可以因人而异,力度要适中,尤其要注意重要脏器的位置(如肾区),拍打力度不能过重。练习方法二时,手尽量向后伸展,使手能够拍打肩胛骨内侧。

健康小贴士

腰痛的早期预防法

对于一般的腰痛,可以通过以下措施来进行早期预防:(1)减少劳累伤。长期坐着读书、看报要注意桌椅高度,定时改变姿势,避免坐较低的沙发,有条件者定制带扶手的木椅,这样当坐久站立时可减少脊柱的压力。(2)定时伸腰、挺胸。在日常生活中注意腰部锻炼,每天做1—2次前屈、后仰、左右侧弯及旋转运动,每次5—10分钟,可以减少腰部肌肉的疲劳。(3)加强腰背肌锻炼,增加脊柱的内在稳定性。可每天练习倒走1—2次,每次5—10分钟。初始锻炼的年迈者最好有家属看护,以免意外受伤。(4)卧硬板床,不要睡太软的床垫。(5)注意防寒,在夏天也要避免空调风直接吹向腰部。

动作 46　狸猫上树

健康原理

腰部肌肉力量的减弱是腰椎疾病发生的前提。现代社会,由于生活条件的改善,人们久坐的时间越来越长,运动的时间却越来越短,而长期不良的坐姿或长久停留在电脑前,很容易造成颈项肌的疲劳,引起颈肩痛、项肌痉挛,出现头晕目眩等现象,甚至导致颈椎间盘退行性病变,出现颈椎病等问题。此项练习几乎可以活动整个脊柱,而且也能使支撑脊柱的肌肉和韧带得到一定的锻炼。该动作要求以膝带腰、腰带肩、肩带肘、肘带手,依次发力,使胸、背、腰肌得到锻炼,对缓解腰部、胸部的疲劳,以及缓解腰椎间盘压力有很好的作用。

健身功效

锻炼胸、背、腰部肌肉,缓解脊柱疲劳。

操作方法

图 46-1　　　　　　　图 46-2

方法：自然站立，弯腰、含胸，两臂自然前摆（图 46-1），由下肢膝关节开始，向上到腰、背、肩各关节依次伸展（图 46-2）。

第七章 腰背健康小动作

图46-3

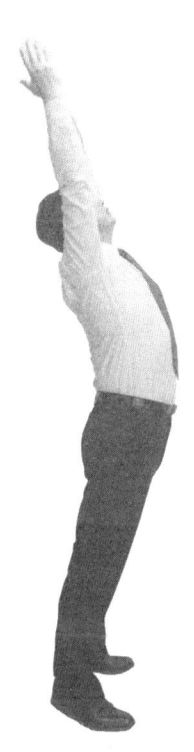

图46-4

像链条一样节节发力（图46-3），看似上树前狸猫的弓背动作，又如毛毛虫在爬行一样。身体摆动时，要求以下肢带腰，再以腰带动双臂，双臂随腰摆动自然上摆（图46-4），以增加躯干摆动的幅度。

建议此动作每次练习8—12次为宜。

专家提示

练习该动作时,要求身体放松,各关节协调有力,达到节节贯穿的效果。另外,为了防止受伤,练习之前应该先做腰部的准备活动,使腰部前后左右都活动开了,再进行练习。

健康小贴士

中老年人怎样保护腰部?

临床调查发现,中老年人最容易发生腰部扭伤或腰椎间盘突出。因此,中老年人要特别重视腰部的保护。具体的方法是:(1)避免突然或长时间向前弯腰;(2)提举重物时,避免腰部用力,应使用臀部和腿部的肌肉发力;(3)养成睡硬板床的习惯;(4)冬季要注意腰部的保暖;(5)经常有针对性地做腰部保健操。

动作 47

攀足

健康原理

此功法取自八段锦第六势"两手攀足固肾腰",十二段锦中也有"低头攀足频"一势。"攀足",即用两手搬足心的涌泉穴。涌泉穴属肾经,《针灸甲乙经》中记载了涌泉穴的作用:"主治腰痛,大便难,少腹中满,小便不利,丈夫㿗疝,阴跳,病引篡中不得溺,胁下支满,闭癃,阴痿……妇人无子。"因此涌泉穴具有强腰膝,固肾精,益肾气,利小便,宁神开窍的作用。经常练习此动作不仅可以锻炼腰部肌肉和关节,还可以刺激肾脏、肾上腺等,起到强肾健体的作用。

健身功效

强肾健体,预防腰椎病。

操作方法

图 47-1

图 47-2

图 47-3

图 47-4

方法一：站式攀足。两脚开立，两臂上举（图 47-1），随后身体前屈（图 47-2），两手缓慢向前、向下移动，让手尽可能触及双脚（图 47-3），下肢柔韧性好的可以用两手触及地面（图 47-4），头部尽量上抬，使颈背部有抻拉的感觉。稍停，然后恢复原来的体位。

图 47-5

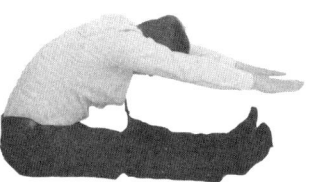

图 47-6

图 47-7

方法二：坐式攀足。坐于垫上，两腿向前伸直，脚尖上翘，双臂上举，掌心朝前（图 47-5）。上肢前俯，两手尽量前伸（图 47-6），柔韧性好的可以两手向前抓握脚心涌泉穴（图 47-7），并向后牵拉脚掌。使两腿和腰脊保持拉伸状态。稍停片刻，松手，身体恢复坐姿。

建议两种方法每次各练习 10—15 次为宜。

专家提示

此动作对下肢柔韧性要求较高，练习时可以根据自己的身体情况循序渐进，逐渐加大动作的幅度。但是无论动作完成到什么程度，两腿都要保持挺直，不可弯曲，否则就达不到锻炼的效果，甚至会出现不必要的伤害。另外，初学者需量力而行，不必强求次数。老年人或高血压患者，练习时需谨慎，弯腰与起身的动作要缓慢，避免不必要的意外。

健康小贴士

腿抽筋未必都缺钙

很多人认为腿抽筋是缺钙造成的，其实这不完全正确。现代医学研究表明，老年人腿痛抽筋，大都与动脉硬化，腿部血液供应障碍有关。动脉硬化后，腿部血液供应减少，血流不畅，代谢产物不能被血液带走，当这些代谢产物达到一定浓度时，就会刺激肌肉收缩引起疼痛抽筋。当然，着凉和缺钙也可引起腿痛抽筋，在防治上两者不应绝对分开，应互相兼顾才会更有效果。

动作 48

俯身前屈

健康原理

此动作在《诸病源候论·毛发病诸候》中就有记载:"坐地,直两脚,以两手指脚胫,以头至地,调脊诸椎,利发根,令长美。坐舒两脚,相去一尺,以扼脚两胫,以顶至地十二通,调身脊无患害,致精气润泽。发根长美者,令青黑柔濡滑泽,发恒不白。"关于其原理,《诸病源候论·毛发病诸候》中解释为"调脊诸椎,利发根"。也就是说,这个动作可以锻炼脊椎,预防脊柱疾病,同时还可以增强肾气,使头发根部得到精气的润泽,常黑不白,柔软滑润。因为,肾主骨髓,其华在发。若血气盛,则肾气强,肾气强,则骨髓充满,故发润而黑;若血气虚,则肾气弱,肾气弱,则骨髓枯竭,故发变白。

健身功效

强肾壮腰、养发延年,预防脊柱疾病。

操作方法

图 48-2

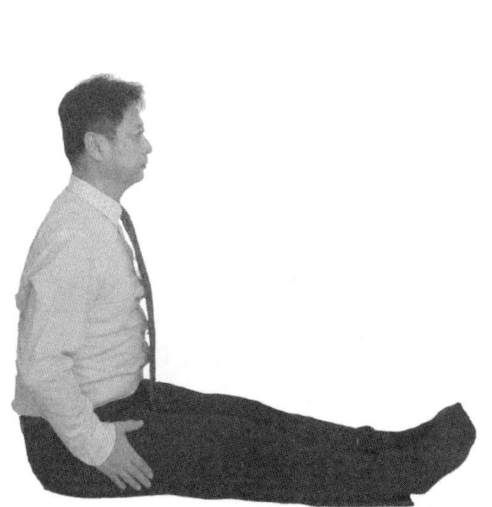

图 48-1

方法一： 坐于垫上或床上，两脚并拢向前平伸（图 48-1），以两手捻住小腿，使头和躯干尽力向前下俯（图 48-2），待觉吃力时，屏息稍停，然后再慢慢恢复原势。也可以使身体一起一落向前下振压。幅度不用太大，以后背和下肢肌肉有牵拉感为好。

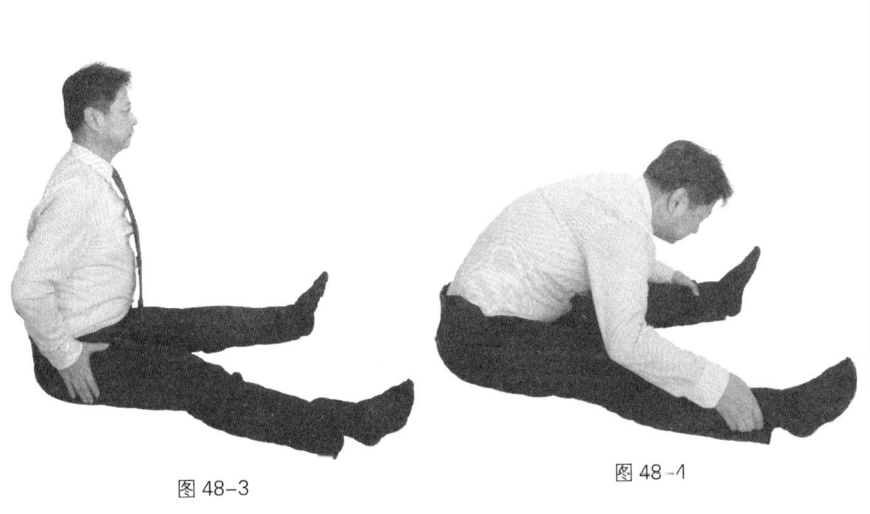

图 48-3　　　　　　　　图 48-4

方法二：坐于垫上或床上，将两脚分开伸直（图 48-3），两手捻住两小腿，使头和躯干尽力向前下俯（图 48-4），待觉吃力时，屏息稍停，然后再慢慢恢复原势。也可以使身体一起一落向前下振压，幅度不用太大，以后背和下肢肌肉有牵拉感为好。

⏱ 建议两种方法每次各练习 12 次为宜。

专家提示

练习此动作时,要保持两腿伸直,使后背和下肢肌肉有牵拉感,这样效果才能明显。但是练习时也要根据自身情况,不必强求前俯的幅度,要循序渐进,避免造成下肢肌肉拉伤。另外,有腰椎间盘突出症应慎用此方法。

健康小贴士

骨质增生也需要补钙

众所周知,老年人缺钙常表现为骨质疏松、压缩性骨折等,但大家常常忽视骨质增生也是缺钙的表现。医学研究证明,老年人钙摄入量不足时,不仅甲状旁腺分泌过盛,降钙素分泌也明显增加。前者促进破骨,后者促进成骨,这正是老年人骨质疏松和骨质增生并存的原因。骨质增生不过是机体对骨质疏松的一种代偿反应。因此,患骨质增生的老年朋友也应积极补钙。

营养学家推荐喝牛奶是一种简易有效的补钙方法,因为每100毫升牛奶含钙量高达100毫克左右。专家建议,老年人应坚持每天喝1—2杯牛奶,同时多吃含钙较多的食物,如猪骨头、乳制品、豆制品、虾皮、蛋类、鱼类等,多晒太阳,必要时可口服钙剂。

第八章

下肢健康
小 动 作

居家小动作　养生大健康

中国有句俗语："人老先从腿上见"，这说明下肢是人体最先衰老退化的部位之一。腿承受着人体的全部重量，而在长时间的负重情况下，下肢很容易形成骨骼关节的劳损和各种慢性疲劳的积累。加上随着年龄增大，肌肉力量下降，下肢血液循环功能降低，下肢就会出现各种生理或病理性的变化。因此，加强下肢的保健锻炼就显得十分重要。尤其是现代社会，长时间伏案工作学习及以车代步的人群不断增多，人们的下肢运动减少，造成肢体末端血液循环不良引起的腿部、脚部麻木、寒冷、关节僵化等现象越来越多。要解决这些问题的最好办法就是多参加体育运动。

关于下肢的保健锻炼方式有很多，我们通常可以采用抻拉、按揉、叩击等主动方法进行养生保健锻炼。有针对性地通过两腿肌肉收缩与放松的交替运动，可以有效地促进下肢的血液循环，防止下肢静脉曲张、坐骨神经痛、末梢神经炎、静脉血栓等疾病，同时对下肢的灵活度和平衡能力的提高也能起到积极的作用。

动作 49　击掌蹬脚

健康原理

"天天击掌蹬脚,终生不显衰老。"这是民间的一句俗语,虽然听起来有些夸张,却有一定的科学道理。中外医学专家的研究表明,拍击手掌不但能健脑益智,增强记忆力,消除疲劳,提高思维能力,还可治疗末梢神经炎、手部麻木痉挛、高血压、脑血栓后遗症、便秘等多种常见病,对于现代人的"鼠标手"等问题也有较好的疗效。

对于脚掌来说,其上有数不清的神经末梢连通于大脑。我们脚底下有63个与脏腑或器官相对应的反射区。因此,通过蹬脚不仅可以增加下肢肌肉力量,促进下肢静脉血液的回流,治疗下肢麻木、发冷、浮肿等症状,而且能使大脑感到轻松舒畅,并有提高记忆力的功效。

健身功效

益智健脑、延缓衰老,促进血液回流。

操作方法

图 49-1

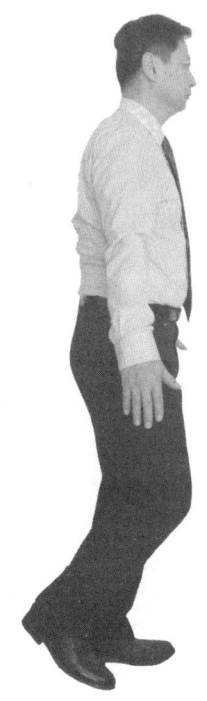

图 49-2

方法：身体自然站立，全身放松，排除杂念（图 49-1），两臂展开，两手掌心相对（图 49-2）。

第八章 下肢健康小动作

图 49-3

右脚脚跟用力,向前蹬出,同时两掌在腹前击掌(图 49-3)。击掌与蹬脚动作要求协调一致,击掌用力要适度,以击掌后手掌胀热为宜,蹬脚时腿部后侧肌群要有牵拉的感觉。

⏱ 建议此动作每次各练习 30—40 次为宜。

专家提示

完成蹬脚动作时，用力要准确，力达脚跟，力量要短促有力，脚尖上翘。另外，练习的地点应选在地面较平整或者不是很硬的路面进行，以免引起足部的损伤，或带来其他意外的伤害。

健康小贴士

健脑九字诀

思：思考是锻炼大脑的最佳方法，勤于思考，可延缓衰老，使思维敏捷。

说：大脑中有专司语言的功能区，经常说话能促进大脑发育。

读：书是智慧的源泉，书读得越多知识越丰富，人也会越聪明。

动：多做细致的手工活，如写字、绘画、弹钢琴及体操动作。

听：常听优美及自己喜欢的音乐，有助于锻炼和促进听神经的功能。

察：多观察周围事物的变化，并注意分析和记忆。

睡：睡眠可以有效消除大脑疲劳。长期睡眠不足或睡眠质量太差，都会加速脑细胞的衰退。

食：多食富含维生素、蛋白质和必需微量元素的食物，如新鲜瓜果、蔬菜、豆制品和鱼、蛋、奶及各种瘦肉等。

乐：笑一笑十年少，笑口常开可增加肺活量，增加大脑的氧气供给，从而提高大脑的生理功能。

动作 50

揉膝

健康原理

揉膝疗法源于古老的导引术,是一种实用的自我医疗保健外治手法。中医理论认为:腰为肾之府,膝为筋之汇。肾主骨生髓,肝主筋藏血,肝肾同源,筋骨相连。肾精盛,骨髓充,可供骨之营养使骨坚实;肝藏血,血盛则筋脉得养,屈伸灵活。相反,如果肝肾不足,筋脉失养,就会出现腰膝酸软,关节屈伸不利等现象。所以老年人肝肾不足,就容易出现膝关节的毛病。而膝关节是人体各种活动中负荷较大的关节之一,日常生活中的行、走、坐、卧、跑、跳等活动都离不了它,所以受损伤的机会也较多。揉以和之,通过揉膝这样的动作,可使膝关节气血流畅,筋脉得养,从而达到健身强膝、防治膝痛的功效。

健身功效

健身强膝,防治膝关节病。

操作方法

图 50-1

图 50-2

方法一：两膝弯曲成马步半蹲状，两手搓热将手心紧贴在两膝盖上（图 50-1），围绕着膝关节周围做匀速圆周形揉摩（图 50-2），使膝关节产生热感。随后，两手放在膝关节上使膝关节做轻微屈伸运动，动作幅度不用太大。

第八章 下肢健康小动作

图 50-3

图 50-4

方法二： 可以在揉膝完成后，用两手的大拇指或食指按揉鹤顶穴（图 50-3），或用拇指和中指按揉内、外膝眼等穴位（图 50-4）。

建议两种方法每次各练习 10—15 次为宜。

203

专家提示

练习时马步半蹲要量力而行，不要盲目追求低架势，以免下肢负担过重造成伤害。另外，在练习时是手动揉按膝关节，而不是让髌骨运动，否则反而会加重膝关节磨损。

健康小贴士

保护好你的膝关节

由于老年人全身各部分的功能都在减退，膝关节也有退行性病变，所以在运动过程中膝关节更容易受损伤。老年人进行健身时，要特别注意膝关节的保护。严格地说，40岁左右的中年人就应该开始注意这些情况：(1)勿使体重增长过快，以免加重膝关节的负担；(2)选择适合自己体质与习惯的运动，勿做突然的、激烈的使膝关节长时间受力的运动；(3)登山、上下楼时，切勿急上急下，宜缓上慢下，时时停歇；(4)已经出现症状者应尽早到医院就诊，以便能够得到及时正确的诊断和治疗。

动作 51

叩击三里

健康原理

医谚说:"若要身体安,膏肓三里不要干。"足三里穴是足阳明胃经的主要穴位之一,是重要的强壮要穴,在小腿上部,髌骨尖下三寸处,具有调理脾胃、补中益气、通经活络、祛风除湿、扶正祛邪的功能。现代医学研究证实,针刺足三里穴,可使胃肠蠕动有力而规律,并能提高多种消化酶的活性,增进食欲,帮助消化;在神经系统方面,针刺足三里,可以促进脑细胞机能的恢复,提高大脑皮层的工作能力;在循环系统和血液系统方面,针刺足三里可以改善心功能,调节心律,增加红细胞、白细胞和提高血糖;在内分泌系统方面,针刺足三里对垂体—肾上腺皮质系统功能有双向的良性调节作用,能够提高机体免疫力。

健身功效

延年益寿、防病健身。

📋 **操作方法**

足三里穴

图 51-1 　　　　　　　　图 51-2

图 51-3 　　　　　　　　图 51-4

方法一： 坐式叩击三里。坐于垫上或床上，两手用掌分别叩击两侧的足三里穴（图 51-1、图 51-2）或将五指撮起用手指尖叩击两腿右侧的足三里穴（图 51-3、图 51-4）。可连续叩击练习。

第八章 下肢健康小动作

图 51-5　　　　　　图 51-6

方法二: 站式叩击三里。可以采用站立式，两臂展开，两手变掌或握拳（图 51-5），一腿屈膝抬起，同侧掌或拳提膝叩击腿的足三里穴，异侧掌或拳提膝叩击腿内侧的三阴交穴（图 51-6）。两腿如此左右交替进行练习。

建议两种方法每次各练习 24—36 次为宜。

专家提示

叩击足三里时，位置一定要准确，力度要适中。提膝叩击时，身体要站稳，叩击穴位要准确。必要时也可以一手扶一固定物，另一手单手叩击足三里或三阴交穴，以确保安全。

健康小贴士

四季却病歌

春嘘明目木扶肝，夏至呵心火自闲。

秋呬定收金肺润，肾吹惟要坎中安。

三焦嘻却除烦热，四季常呼脾化餐。

切忌出声闻口耳，其功尤胜保神丹。

（明·高濂《遵生八笺·延年却病笺》）

动作 52

健身走

健康原理

健身走与健康有着密切的关系,中医学认为"走为百练之祖"。人的五脏六腑无不与脚有关,坚持走步锻炼,不仅可以通畅足三阴、三阳经脉,增强体质,防治疾病,而且可以调节神经系统、愉悦身心、提高心智。另外,倒步走也是一种较为流行的方法,它是一种反常态的行走健身法。倒步走时两腿交替向后迈步,可以增强大腿后侧肌肉群和腰背部肌肉群的力量,有助于改善腰部血液循环,对缓解腰背痛及解除下肢疲劳较为有效。另外,倒步走时意识高度集中,能迅速转移大脑皮层的兴奋点,有效地消除神经中枢的疲劳并缓解紧张情绪,同时还可以锻炼小脑,有利于提高人体的灵活性和协调性。正是由于健身走运动简便易行,安全可靠,且不受时间、地点限制。所以,健身走已成为当下普及的健身方法之一。健身走的方法很多,我们在这里仅介绍最常见的几种健身走锻炼方法,以便朋友们快速掌握。

健身功效

调肝健脾、养心宁神、治疗腰痛、锻炼小脑。

操作方法

图 52-1

方法一：散步。散步是健身走的主要锻炼形式。它是一种步伐轻松、步幅较小（50—60 厘米）、步速较慢（每分钟 25—30 米）、运动量较小的走步方法（图 52-1）。活动时间一般在 1 小时以上。

第八章　下肢健康小动作

图 52-2

方法二：快步走。快步走是一种步幅适中（60—80 厘米）、步速较快（每分钟 130—250 米）、运动量稍大的走步方式（图 52-2）。活动时间一般在 40 分钟以上。

方法三：倒步走。一腿支撑，腹部略微内收，另一腿屈膝后摆下落，前脚掌先着地后滚动到全脚着地（图 52-3），身体重心随之移至左腿，如此退步倒行。步幅以一个至两个脚长为宜，老年锻炼者以每分钟 45—60 步为宜，倒步走的距离可根据自己的体力或健康状况来定。

图 52-3

专家提示

在健身走的锻炼中,大家一定要注意行走的步速,因为步速决定了练习的强度,因此可以根据自身的身体情况选择适合自己的步速。另外,这里尤其要强调的是,在倒步走时,由于完全改变了前行的习惯,所以要做到安全第一。倒步走时要略微收腹向后移动,切勿后仰,一定要选择平整、松软、熟悉、行人车辆较少的路面行走,以免造成意外伤害。

健康小贴士

如何评价健身走的锻炼效果?

健身走虽然简便易行,而且不受时间、地点限制,但是在进行健身走锻炼时,也要根据自身的情况,强调科学、安全、有效。那么,如何评价健身走的锻炼效果呢?评价锻炼效果最简单的方法就是看运动能力的变化。譬如,初期行走2000米用30分钟,心率约每分钟102次;经过一个月的锻炼后,走相同距离仅用26分钟,而心率仍保持每分钟102次左右,或者用相同的时间而心率下降了,这都表明健身初见成效,下一步可考虑适当增加距离,或者提高健身走的速度了。患某些慢性病的人,则可以通过同类体检指标的纵向对比来衡量某阶段锻炼的效果。

动作 53 足叩小腿

健康原理

现代人久坐不动已经成为一种新常态,这种工作和生活状态其实对我们下肢的影响很大,而经常叩击小腿是一个很好的解决办法。从现代医学角度来说,叩击小腿可以缓解下肢腿部肌肉疲劳,促进小腿末端血液循环。从中医传统理疗角度来说,小腿处共有六条经络循行经过,通过叩击小腿的委中、承山和昆仑等穴位可以改善这些经络的运行,对身体健康有积极作用。比如膀胱经是人体最大排毒通道,而膀胱经的湿热水汽主要聚集在委中穴,为此叩击委中穴能达到补肾养肾之功效。同样,小腿上的承山穴最大功效是排除人体湿气,所以叩击承山穴也能起到调理经络、气血阴阳平衡的作用。

健身功效

疏通下肢经脉、调和气血、祛瘀止痛、消除局部疲劳。

操作方法

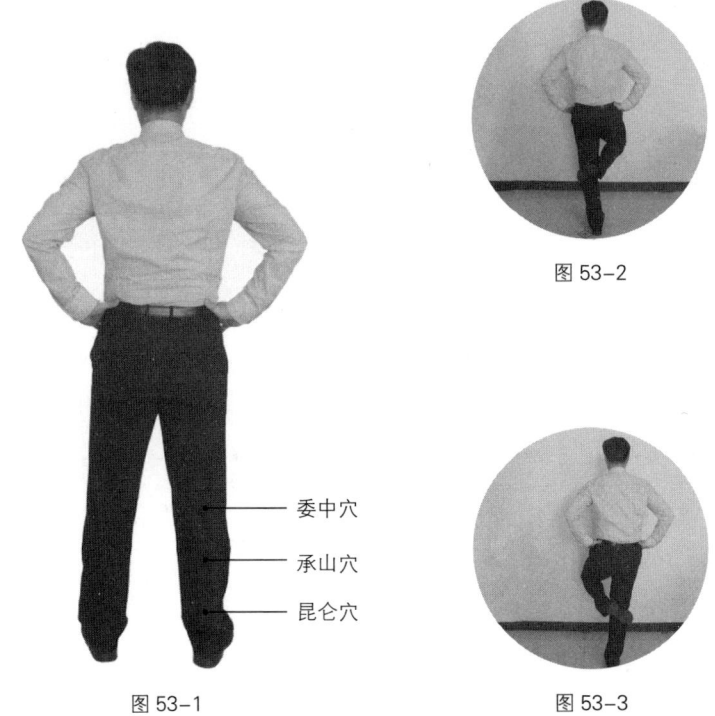

图 53-1　　图 53-2　　图 53-3

方法：两脚开立，略微屈膝站稳（图 53-1），另一腿屈膝，用脚背叩击支撑腿的委中穴（膝后区，腘窝正中，图 53-2）；交换支撑腿，再用另一脚脚背叩击支撑腿的委中穴（图 53-3）。

第八章 下肢健康小动作

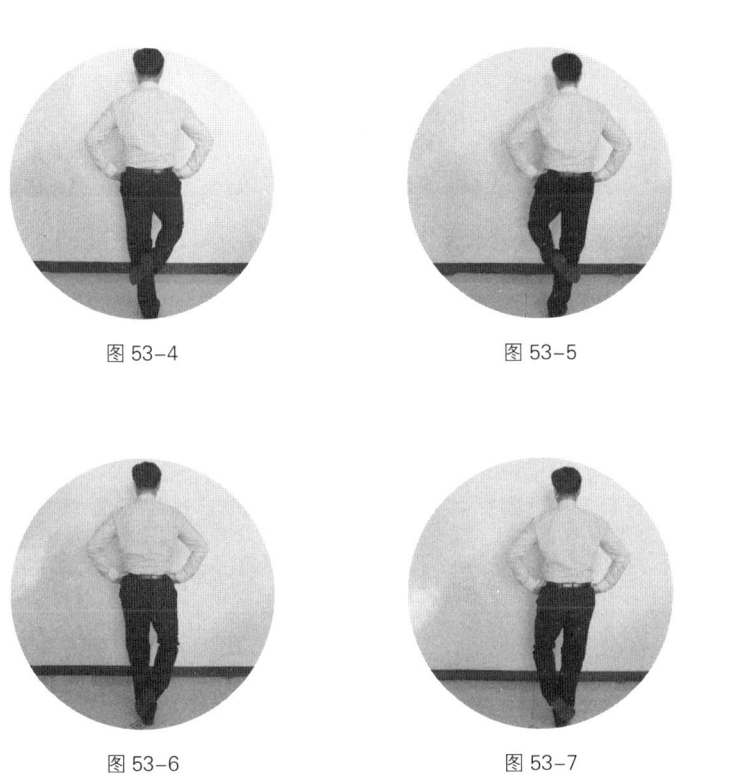

图 53-4　　　　　图 53-5

图 53-6　　　　　图 53-7

由上而下依次叩击支撑腿的承山穴（小腿后面正中，图 53-4、图 53-5）和昆仑穴（脚踝后方，外踝尖与跟腱之间的凹陷处，图 53-6、图 53-7）。然后再由下而上重复叩击昆仑穴、承山穴和委中穴三个穴位。

建议三个穴位每次各叩击 10—20 次为宜。

专家提示

叩击时用力要适度，叩击的次数可以因人而异，以腿部有酸胀感为好。另外，由于叩击时是单脚支撑，所以一定要谨防跌倒。老年人下肢力量不足，平衡能力较差，可以采取手扶固定支撑物的办法进行锻炼，以保持身体的平衡。

健康小贴士

谨防静脉曲张

静脉曲张是由于血液瘀滞、静脉管壁薄弱等因素，导致静脉迂曲、扩张而造成的。随着年龄的增长及运动的减少，我们很容易发生静脉曲张，而且最常发生在下肢。目前治疗静脉曲张的方法主要包括手术治疗和中医调理。在发病初期，首先要注意改变生活习惯，避免久站，多增加下肢肌肉锻炼；晚上睡觉可在小腿关节处放个枕头，适当抬高下肢，或采用穿弹力袜等办法，以促进下肢血液回流。如果效果不佳或病情加重，则应及时到医院检查并做进一步治疗。

动作 54 压腿踢腿

健康原理

柔韧性是人体重要的身体素质之一,是指人体关节肌肉、肌腱、韧带等软组织的伸展能力。影响柔韧性的因素有很多,主要与关节骨结构,关节周围组织的体积、韧带、肌腱和肌肉等方面有着直接关系。另外,柔韧性还与年龄密切相关,它会随着年龄的增长而逐渐下降。因此,对于老年人来说,经常进行柔韧性锻炼,尤其是下肢的柔韧性锻炼就显得尤为重要了。而且,经常进行柔韧性锻炼对老年人的健康也是大有益处的。一方面,通过柔韧性锻炼可以有效地提高关节韧带的活动幅度,有利于老年人身体的灵活性和协调性。特别在突发意外事故时,它能有效避免和减轻对身体的伤害。另一方面,老年人在进行柔韧性锻炼时,通过肌肉的拉伸也会降低肌肉紧张度,使僵硬的肌肉得到松弛,促进下肢血液循环,减轻肌肉的疲劳。

健身功效

提高下肢柔韧性、灵活性和力量。

操作方法

图 54-1

图 54-2

方法一：支撑物压腿。选择适当高度的支撑物，左腿支撑身体，右脚放在支撑物上，脚尖勾起，两腿保持伸直，两手放在右膝关节上；两手和上肢慢慢向前、向下用力，振压右腿（图 54-1），使右腿后侧肌群有被牵拉的感觉。压完腿后可以做屈膝放松练习，以避免大腿后侧肌群拉伤。然后左右腿交替进行练习（图 54-2）。

第八章 下肢健康小动作

图 54-3

方法二：原地压腿。右腿屈膝支撑身体，左脚向前方伸出，脚跟着地、腿伸直，两手放在左膝关节上；两手和上肢慢慢向前、向下用力，振压左腿（图 54-3），使左腿后侧肌群有被牵拉的感觉。压完腿后可以做屈膝放松练习，以避免大腿后侧肌群拉伤。然后左右腿交替进行练习。

方法三：原地踢腿。手扶固定物，右腿支撑身体，左腿伸直，脚尖勾起，连续向前、向上直腿踢摆，使左腿后侧肌群有被牵拉的感觉（图 54-4）。然后左右腿交换进行练习。

⏱ 建议每次压腿时间不宜过长，3—10 分钟后左右腿交换；每侧踢腿 10—15 次为宜。

图 54-4

专家提示

选择的支撑物一定要稳固,最好是在肋木上压腿。压腿时支撑物的高度可以由低到高,循序渐进。压腿和踢腿时用力不能过猛,不要操之过急。老年人可以手扶固定物进行压腿和踢腿练习,以免发生意外。

健康小贴士

坐位体前屈柔韧性测定的方法与标准

坐在地垫上,双膝关节伸直,双足底部抵住测量盒,躯干尽量前屈,双上肢完全向前伸展,双手指向前伸直,测定手指尖所触到距离。进行该项测定时膝关节一定要伸直,达到双手指尖伸触最远的位置能维持3秒,不要用突然前伸的动作向前触摸。另外,测试时,要量力而行,不要勉强。大家可以试试,检测一下自己的柔韧性怎么样。

动作 55　枯树盘根

健康原理

随着年龄的增长,运行于腿部的三条阴经脉,足少阴肾经、足厥阴肝经和足太阴脾经的经气逐渐减弱。中医认为,这三条阴经脉有生发、运化、生髓之功能,决定着人的生、长、壮、老、已。如果经气减弱,则血液运行速度减慢,故血液运输营养物质的能力及排出废物的能力减弱,从而导致腿部的筋骨肌肉的老化。枯树盘根,即歇步下坐,这个动作是通过两腿屈膝下蹲盘坐,来有效地刺激下肢足三阴、足三阳的经脉,帮助我们疏通下肢经脉。对于提高脾、胃、肝、胆、膀胱、肾等脏腑的机能有着积极的作用。

健身功效

理气和血、固摄肾气,增强胃、膀胱、肝、胆、肾等脏腑的功能。

操作方法

图 55-1
劳宫穴
图 55-2
图 55-3

方法：两脚开立，两掌内旋掌心朝后，以小指侧引领两臂向两侧、向上反臂上抬（图 55-1），当两臂与肩平时变为外旋，使两掌心向上、经头向下画弧，使两掌变拳下按于身体前下方，中指尖用力按压劳宫穴（握拳屈指时中指指尖处，图 55-2）；同时重心移至左脚，右脚向左脚前盖步，两腿屈膝下蹲成歇步，目视左前方（图 55-3）。

第八章 下肢健康小动作

图 55-3　　　　　　　　图 55-4

另一侧的方法完全相同,唯方向相反(图 55-3、图 55-4)。

⏱ 建议此动作左右侧每次各练习 8—10 次为宜。

专家提示

练习时注意呼吸自然，百会穴上顶，身体中正安舒。练习前要充分活动膝关节，下蹲成歇步时，注意膝关节的保护。可根据自身的情况选择下蹲的高度，不可勉强。

健康小贴士

乾隆长寿十六字诀

清代乾隆皇帝终年89岁，是古代帝王将相中的高寿者。据记载，他有"吐纳肺腑，活动筋骨，十常四勿，适时进补"十六字的养生之道。

吐纳肺腑：黎明起床，少睡懒觉，起身以后做深呼吸运动。

活动筋骨：多进行各种各样的体育锻炼，强身健筋，增强抗病能力。

十常四勿：齿常叩、津常咽、耳常弹、鼻常揉、眼常远、面常搓、足常摩、腹常旋、肢常伸、肛常提；食勿言、卧勿语、饮勿醉、色勿迷。

适时进补：在适当的季节、时机补养身体。

动作 56　站桩功

健康原理

桩功是站桩功的简称,是武术、气功及养生修炼的重要基本功。它是指身体保持固定姿势,进行以意领气、以气运身的一种外静内动的训练方式。早在两千多年前的《黄帝内经·上古天真论》中,就有"余闻上古有真人者,提挈天地,把握阴阳,呼吸精气,独立守神,肌肉若一,故能寿敝天地"的记载。在站桩的过程中,练习者通过对身体的调身、调息、调心很容易进入一种"心静体松"的状态,而这种状态对于调动身体的气血运行,调节中枢神经系统,提高机体机能水平等方面都会产生良好的影响。所以站桩功既能疏通经络、调和气血,又能助长精神、锻炼形骸、增加气力,是涵养精气神的一种非常好的方法。

健身功效

疏通经络、调和气血、助长精神、锻炼形骸。

操作方法

图 56-1

图 56-2

方法：身体自然站立，两脚与肩同宽，两腿微屈，敛臀松胯，将身体的重心放在两脚涌泉穴上；头微上顶，下颌内收，舌抵上腭。两臂自然合抱于胸前，掌心向内，指尖相对，使两臂与胸前如抱球状（图56-1、图56-2）。精神集中，意守丹田，呼吸自然，全身放松。

建议站桩功练习时间每次不少于3分钟为宜。

专家提示

练功时不仅全身肌肉要放松,心神也要宁静,排除杂念,使精神活动进入相对安静状态。呼吸要自然,切勿勉强。练习的时间应根据自己的身体情况进行控制,初期可以短一些。随着身体的适应,站桩的时间应当尽可能延长,使身心有充分的感悟。

健康小贴士

谨防老年人跌倒

在我国,老年人跌倒的发生率较高,后果也非常严重,是造成老年人伤残和死亡的重要原因之一。跌倒在我国全人群的意外伤害死亡顺位中排在第4位,而在65岁以上的老年人中则位居首位,并且随着年龄的增长跌倒的死亡率急剧上升。每年至少有2000万老年人发生2500万次跌倒,直接医疗费用达50亿元人民币以上。老年人跌倒通常与衰老、疾病、环境等多种因素有关。衰老导致的步态稳定性下降、视听觉功能下降、肌肉力量下降、骨骼退化、平衡功能减退等,以及神经系统疾病、眼部疾患、骨关节疾患、心理和认知功能疾患等,还有居家环境不适,都可能使跌倒危险性增加。

第九章

足部健康
小动作

中医理论记载，人有四根，耳根、鼻根、乳根和脚跟，其中以脚跟为四根之本。俗话说"人老脚先衰，木枯根先竭"，可见脚对人体的重要性。脚位于人体下方，属阴，而寒亦为阴邪，所以也就有"寒从脚下起"的说法。《黄帝内经·足心》中的"观趾法"，汉代《华佗秘笈》中的"足心道"，以及司马迁《史记》中关于"俞跗用足治病"的记载，等等，都对足部按摩的疾病治疗和养生保健作用做了详细论述和充分肯定。这说明通过脚部的锻炼，运用按压、旋趾、提踵等物理手段的刺激，可以很好地改善人体下肢的血液循环、神经传导，调节脏腑机能，达到祛病健身之效。

现代全息生物学理论认为，全身各部位在足部都有其对应的反射区，刺激足部的这些反射区，可引起相对应身体部位的生理反应和变化，从而对其对应部位的疾病可以起到诊疗和治疗作用。另外，现代医学研究还表明，人的脚底有成千上万个神经末梢与大脑和心脏紧密相连，也有人将其称为人的"第二心脏"。由此可见，脚在人体保健养生中的重要地位。

动作 57

敦踵

健康原理

敦踵法的起源很早,我国西汉初期的《引书》中就有"敦踵以利胸中"和"敦踵,一敦左,一敦右,三百而已"的记载。《养性延命录·导引按摩》中亦有"握固不息,顿踵三还"的功法。"敦"亦作"顿",即顿足。八段锦中有一势名为"背后七颠百病消",这个动作也正是通过颠脚跟的方式,诱发全身震荡,柔和地按摩五脏六腑,从而起到强健脊柱通气血,消除百病的神奇功效。

人久坐或久站后,都会感到下肢酸胀,特别是从事教师和服务性行业的人,以及上了些年纪的人,很容易发生下肢静脉曲张,这是下肢血液回流不畅所致。据测定,踮起脚尖时,双侧小腿后部肌肉每次收缩时挤压出的血液量,大致相当于心脏脉搏排血量。因此,进行敦踵锻炼能有效地促进下肢血液循环,减轻心脏负担。

健身功效

防治生殖器官疾病,改善血液循环,预防下肢静脉曲张。

操作方法

图 57-1　　　　　图 57-2

方法： 两脚自然开立，两臂自然下垂；脚跟向上提起，收腹提肛，脚趾用力抓地，同时配合吸气，两掌心可以有意识地下按（图 57-1）；稍作停顿后，再随呼气放松身体，两脚跟下落颠地，使身体产生震动，两手还原成自然下垂状态（图 57-2）。重复进行练习。

建议此动作每次练习 7—14 次为宜。

专家提示

此动作在练习时要注意节奏,不可过快、过猛,尤其颈部要略微紧张,以免造成小脑的震动过大,同时也要防止脚跟软组织损伤或骨折等不必要的身体伤害。

健康小贴士

如何预防足跟痛?

足跟痛算是常见病,在骨关节疾病中其发病率仅次于腰椎病和颈椎病。下面提一些预防足跟痛的建议,供大家参考。(1)应注意饮食起居,注意劳逸结合,不宜过久站立或行走;(2)应选穿宽松、合适的鞋子,鞋内加软垫;(3)长期坚持足部锻炼以增强肌肉、韧带的力量及弹性;(4)最好每晚用温水泡脚,促进局部血液循环。

动作 58 揉腿搓脚

健康原理

俗话说:"养树护根,养人护脚。"中国人把双脚比作"人体之根",非常重视其保养。明太医龚居中所著《万寿丹书》曰:"侧坐,用双手擦足心,导引,可治夜梦遗精。"明曹士衍《保生秘诀》也提道:"临卧时,摩擦足心及肾俞穴,屈一足而侧卧,精自固也。"从这些古人的经典论述中,我们可以看出,保护好双脚是一门重要的养生学问。现代研究认为,人体的五脏六腑在脚上均有相应的投影区。因此,对脚部进行适当的按摩有良好的滋阴补肾、充养五脏六腑的作用。另外,此动作通过对脚和腿部的按摩,对整个下肢的血液循环也起到了很好的促进作用,尤其是对老年下肢肿胀、静脉曲张、肌肉萎缩等都能起到很好的防治效果。

健身功效

促进下肢血液循环,调理全身脏腑功能。

第九章 足部健康小动作

操作方法

图 58-1

图 58-2

方法一：揉腿。坐于垫上或床上，用双手合围握住一侧大腿根部，然后向下稍用力依次推揉，一直到脚踝（图 58-1、图 58-2），再反向从脚踝回按揉至大腿根部。另一侧的方法完全相同。

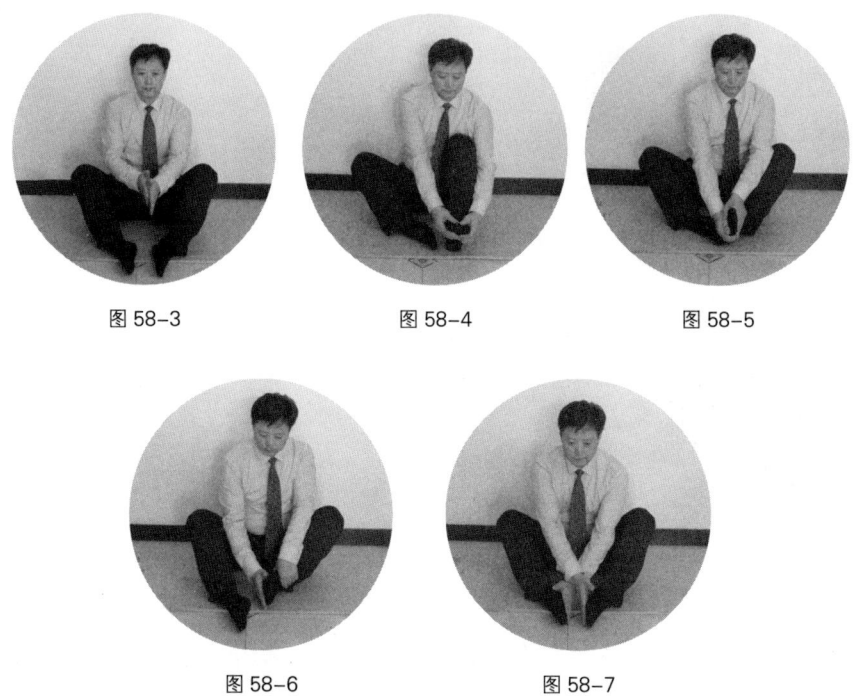

图 58-3　　　　　图 58-4　　　　　图 58-5

图 58-6　　　　　图 58-7

方法二：搓脚。坐于垫上或床上，两手搓热（图 58-3），然后用双手揉捏双脚（图 58-4、图 58-5）。也可采用单手或双手对搓两脚心的方法（图 58-6、图 58-7），使脚底发热，身体微微出汗。

建议方法一每次练习 10—20 次为宜；方法二每次练习 80—108 次为宜。

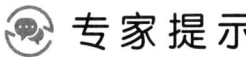 专家提示

按摩时要掌握好按捏的力度,使脚部有轻微的压疼感为好。对搓脚心时一定要把脚心擦到极热为止,这样才能有较好的效果。但是患有严重糖尿病已有皮肤并发症患者应慎用此法,以免导致皮肤破损。

健康小贴士

过冬应暖脚

我国民间素有"百病从寒起,寒从脚下生"的说法。从解剖学观点看,人的双脚远离心脏,供血相对较少,同时脚的皮下脂肪层又薄,保温性能差,所以在一般情况下,脚的皮肤温度较低。研究表明,人的双脚表面温度维持在28℃—30℃时,感觉最为舒适。

老年人由于脏器老化,功能衰退,对寒冷刺激的适应性和耐受力也差。若不注意脚的保暖,寒邪极易通过脚部侵袭人体,损伤阳气而致病,或使旧病复发。因此老年人要安全过冬,必须重视脚的保暖。为此,老年朋友们应采取综合措施,如选择合适的鞋袜,加强体育锻炼,坚持热水洗脚等使脚部保持最佳温度,从而预防脚病的发生,防止腿脚的早衰。

动作 59

两脚屈伸

健康原理

脚踝是血液流通和筋经络脉的重要关口。足部的筋经、关节多而复杂，血液流通是否顺畅和脚踝有着很大的关系。葛洪在《抱朴子》一书中提道："知屈伸之法者，则为导引，可以难老矣。"隋朝的巢元方在《诸病源候论》的养生导引法中也说："外转两足，十遍引，去心腹诸劳。内转两足，各十遍引，去心五息止，去身一切诸劳疾疹。"这些都说明足部导引对保健强身有很好的作用。《素问·痿论》云："宗筋主束骨而利机关也。"筋的功能主要是连接关节，约束骨骼，支配关节功能活动。如果脚踝处肌腱出现僵硬、老化等问题，就会阻碍血液的流通。因此，通过脚踝的运动可以使足部经脉气血畅通，关节通利，消除疲劳，故活动脚踝有很好的健身养生防病的功效。

健身功效

促进腿部血液循环，防腰腿痛麻、发冷无力，防治静脉曲张等症。

第九章 足部健康小动作

📋 操作方法

图 59-1

图 59-2

方法一：两脚勾绷。坐在椅子上，两手扶稳椅子扶手，两脚脚跟用力贴地面向前蹬起（图 59-1），两脚尖上翘，大腿用力使两腿向上至抬平（图 59-2）。

图 59-3　　　　　　　　　图 59-4

随后两脚向前绷脚,并向下缓慢落于地面(图 59-3);脚尖点地,再用脚尖贴地面用力向后擦地收回(图 59-4)。如此重复练习。

第九章 足部健康小动作

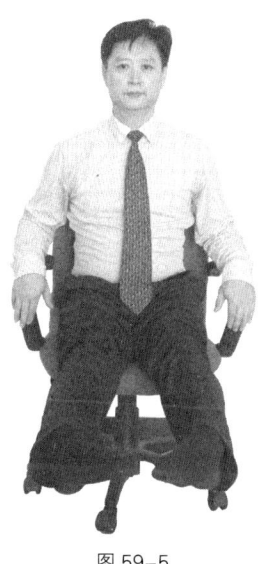

图 59-5

图 59-6

方法二： 两脚绕环。坐在椅子上，两手扶稳椅子扶手，两脚向前伸出，做向内、向外的绕环（图 59-5、图 59-6），使足踝和腿部紧张并有酸胀感。

建议两种方法每次各练习 5—12 次为宜。

专家提示

完成此动作时,脚的屈伸及绕环要缓慢用力,不能太快,要使腿部肌肉有紧张和牵拉的感觉,这样对下肢踝关节的锻炼才会有最佳效果。

健康小贴士

防治老寒腿的小妙招

老寒腿通常指的是风湿性关节痛,是冬季好发作的常见病,表现为天气突然转凉或是阴雨天气的时候,膝关节经常感觉到疼痛、冰冷。通常采用按摩、拔罐、自我锻炼和中药泡脚等方法来治疗老寒腿。

这里向大家介绍四种适合居家保健的小方法,即"一摩二刮三绷四勾"。一摩,是用双手虎口沿大腿根部向下按摩至小腿;二刮,是将双手做爪状捏住髌骨,上下刮拭髌骨两侧;三绷,是将腿伸直,绷紧大腿肌肉;四勾,是勾踝关节,脚尖向上翘起。这套动作每天练习一次,每次约20分钟,可以锻炼下肢肌肉,增加腿部力量。同时再加上常用的外洗中药,老寒腿症状可以明显减轻。

动作 60　攀足前踏

健康原理

《诸病源候论·病冷候》中"养生方·导引法"云:"舒两足坐,散气向涌泉,可三通,气彻到,始收右足屈卷,将两手急捉脚涌泉,挽。足踏手挽,一时取势。手足用力,送气向下,三七,不失气,数寻,去肾内冷气,膝冷脚疼也。"中医理论认为,"脚气缓弱候"多是由于感受风毒湿邪所致,其病机为脾虚湿困、湿热下注,以腿脚麻木并伴有冰凉感、酸痛,腰部、膝髀冷痛、软弱无力而致行动不利等为主要症状。因脚气病是从下半身至上半身的病变,故可利用导引法作用于内脏从而消除"脚气缓弱候"。

健身功效

消除肾内冷气,减缓膝冷、脚痛。

操作方法

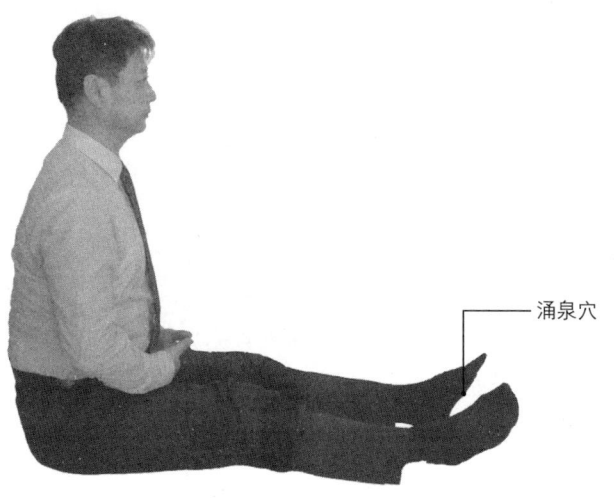

图 60-1

方法：坐于垫上，两腿向前伸直，脚尖翘起；静心安神，调整呼吸，以意念领气从丹田通过下肢到达脚底涌泉穴（足底部，蜷足时足前部凹陷处，图 60-1）。

第九章　足部健康小动作

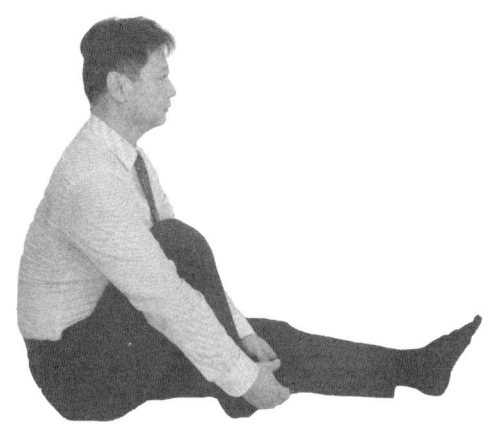

图 60-2

屈膝收右脚，两手握住右脚涌泉穴向内挽，然后手脚同时用力向前缓缓蹬踏，保持伸直（图 60-2）。

图 60-3

两手握足向前蹬踏时，手足同时用力，尽量将丹田之气送往涌泉。达到极限时，稍停，然后将脚缓缓放下。交换另一只脚挽踏（图 60-3）。

⏱ 建议此动作左右每次各练习 21 次为宜。

专家提示

手脚向前蹬踏时,用力要缓慢,避免下肢韧带拉伤。另外,柔韧性差的人可以降低难度,使蹬踏腿略微弯曲,随着柔韧性提高再慢慢将腿蹬直。

健康小贴士

走石子路

走石子路有利于脚部穴位的按摩,可以健身防病。人体脚部有很多穴位,与内脏有着密切的关联,通过走石子路可以刺激脚底穴位,增强有关内脏的功能。另外,脚部的神经较为敏感,通过走石子路可以对大脑产生刺激,增强身体保持平衡的功能。走石子路时应当赤脚或穿较薄的软底鞋,这样锻炼的效果会更好。走路的速度不可太快,路面的石子不能过于尖利或棱角突起不一,以免伤到脚底。